AF139310

➢ HERZLICHEN DANK ◄

HERZLICHEN DANK AN ALLE die mir in den letzen 39 Jahren auf meinem Lebensweg begegnet sind. **BESONDEREN DANK** natürlich **AN** diejenigen, welche sich aufrichtig mit mir eingelassen haben. Ich denke dabei ganz fest an **MEINE FAMILIE, MEINE** beiden **LIEBEN KINDER UND** an **MEINE FREUNDE,** denn ohne euch wäre alles nichts! **MEIN LEBEN HAT** nur **DANK EUCH EINEN** so **WUNDERVOLLEN, EINZIGARTIGEN UND GEHEIMNISVOLLEN GESCHMACK,** nach einem Gewürz, **DEN ES NUR IN EINEM MÄRCHEN GIBT.** ☺

DIESES BUCH IST FÜR KÖNIGE UND KÖNIGINNEN GESCHRIEBEN! IN SCHWIERIGEN SITUATIONEN AGIEREN SIE IN - SICH UND BETRACHTEN KRISEN ALS CHANCEN!

SIND **WIR - ICH UND DU** - ZUSAMMEN IN EINER KRISE?

WIESO - WESHALB - WARUM?

WO SIND DEINE CHANCEN?

TJA, WIE DEM AUCH SEI! ☺

JETZT freue ich mich einfach sehr, dass ich in meiner Welt meiner **KREATIVITÄT FREIEN LAUF LASSEN** kann.

BIST DU - ICH UND ICH - DU?

Viel Spaß beim Lesen und MERCI das es Dich gibt…

ICH LIEBE DAS LEBEN UND DAS LEBEN LIEBT

DICH   MICH

☺   +   ☺

➢ ENTDECKE DEINE FÄHIGKEITEN ◄

S O S

Du In Deiner Welt

S ☺ S - D-eine Welt im Wandel

HEY DU ☺

Dieses Buch habe ich für Könige und Königinnen geschrieben. Ja, es ist wirklich ein ganz besonderes Buch. Für Dich, wenn Du gerade eine große Krise erlebst und für Dich, wenn Du D-einen Sinn im Leben suchst und ja, auch für Dich, weil Du Dich jetzt öffnest für ein erweitertes Bewusstsein.

ROGER GERBER

SAGE NIEMALS **DAS GEHT** NICHT!
DAS HABEN SCHON VIELE GESAGT.
BIS EBEN EINER DAHERKAM DER HAT
ES EINFACH GEMACHT. JA, GENAU!
HEY DU, WENN DU ES WIRKLICH
WAGST UND AN DICH GLAUBST,
DANN WIRST DU DEINE IDEE
DANK DER LIEBE IN DIR
ZUM ERFOLG BRINGEN!

SOS - SAVE OUR SOULS - RETTET UNSERE SEELEN

BIBLIOGRAFISCHE INFORMATION DER
DEUTSCHEN NATIONALBIBLIOTHEK:

Die Deutsche Nationalbibliothek verzeichnet diese Publikation in
der Deutschen Nationalbibliografie. Detaillierte bibliografische
Daten sind im Internet über www.dnb.dnb.de abrufbar.

IMPRESSUM:

© 1. Überarbeitete Auflage 2015
Autor: Roger Gerber
Umschlaggestaltung: BoD + Roger Gerber
Taschenbuchausgabe 2015
Haftung wird ausgeschlossen.
Herstellung und Verlag:
BoD - Books on Demand, Norderstedt
www.bod.ch

ISBN: 978-3-734-78404-0

INHALT

EINSTIMMUNG

NIE!

**SO DACHTE
ICH** EINMAL, WERDE ICH
JEMALS **EIN BUCH SCHREIBEN** KÖNNEN!

JA, WIE **WUNDERBAR,**

SO **EIN MÄRCHEN.** ☺

JA, GENAU SO WILL ICH IN DIE EINSTIMMUNG STARTEN
UND SPONTAN MIT DEM WORT „NIE" BEGINNEN!

SAGE NIEMALS NIE, SO LAUTET EINE NICHT
SONDERLICH BEACHTETE WEISHEITSFLOSKEL.

D-EIN LEBEN IST EIN WUNDERBARES
MYSTERIUM, EIN **MÄRCHEN** UND BEINHALTET
VIEL GEHEIMNISVOLLES*!*

Ist Dir noch NIE aufgefallen, dass, wenn Du gesagt hast dieses oder jenes werde ich NIE tun, **DU** das, was Du vor einiger Zeit einfach so gesagt hast, es dann doch irgendwann getan hast? Ein Paradoxon bekommt hier ein bisschen Farbe. Entdecke das Mysterium, ja, das wundersame und faszinierende in Deinem Leben. Jetzt denkst Du vielleicht: aber, wenn ich sage ich schaffe das NIE, dann stimmt das vielleicht gar nicht? Tja,

GENAU, UND DIES IST JETZT D-EINE ERSTE ERKENNTNIS.

☺ SCHAU **GENAU** ☺

IMMER dann, wenn Du NIE sagst solltest Du dringend ganz **AUFMERKSAM HINSCHAUEN**, hin hören auf das, was Du gerade eben gesagt hast! Sowieso ist es gut, wenn man sich achtet, auf das - was **UND** das *wie* - man etwas sagt! Wenn Du nämlich sagst, ich schaffe das nie, solltest Du Dir **JETZT** unbedingt **BEWUSST WERDEN, DASS DU ES** eben doch **KANNST**. Manchmal ist **ES** auch so, dass Du mit sehr großer Wahrscheinlichkeit das gesagte **SOGAR** sehr **GERNE** auch **TUN WÜRDEST**. -

JA, ERKENNE JETZT, dass das, was Du über Dich selbst denkst und glaubst oder auch über das GROSS und klein eben eine selbst auferlegte Begrenzung ist. In Wirklichkeit hast Du wunderbare und **ZAUBERHAFTE FÄHIGKEITEN IN DEINER SEELENSCHATZKAM-MER***!*

AcHTung*!*

LANGSAM ABER SICHER BRINGE ICH
DEINE ALTEN SYNAPSENVERBINDUNGEN
IM GEHIRN INS KREUZFEUER DER
PARADOXEN PSYCHOLOGIE.

KANN **DIESES BUCH** D-EINE WELT VERÄNDERN
ODER **WIRD** DIESES BUCH **D-EINE WELT
POSITIV VERÄNDERN***?!*

DAS LEBEN IST EIN WUNDERBARES
MYSTERIUM, EIN **MÄRCHEN** UND BEINHALTET
VIEL GEHEIMNISVOLLES*!*

**DAS MYSTERIUM DES LEBENS
HAT** AUCH GANZ **INTELLIGENTE** UND
WEISE **GESETZMÄSSIGKEITEN, DIE** NICHT
NUR **FUNKTIONIEREN UND** AGIEREN
SONDERN **DIR** AUCH **DIENEN.**

🕯 LICHT IN DER NACHT 🕯

Eine wirklich sehr große Krise im Leben eines Menschen, hat in vielen Bereichen seines Lebens eine große Auswirkung. Z. B. wird die Finanzielle Belastung bei vielen dann so groß, dass es einige sogar in den finanziellen Ruin treibt. Auch die gewohnten Gewohnheiten sind nicht sonderlich leicht loszulassen und ja, auch unsere Persönlichkeit verändert sich sehr stark durch eine große Krise. Man ist meistens überfordert und hat viele Ängste sowie oft auch keine Lebensfreude mehr. Manche nehmen sich in einer solchen Situation leider selbst das Leben, weil sie nicht stark genug waren um die Krise auszuhalten und durchzuhalten. Zudem ist vieles auf dem Prüfstand, bei manchen Menschen ist es der Glaube an Gott. Es kommt Zweifel auf und man fragt sich, wieso, weshalb, warum. Es scheint keinen Sinn mehr zu geben und man hat das Gefühl, dass man es nicht verdient hat. In Beziehungskrisen zu nahestehenden Menschen sind Schuldzuweisungen an vorderster Front. Der andere hat Schuld an allem und Selbstkritik ist selten gegenwärtig. Dabei ist Selbstkritik ein sinnvoller Anfang um Probleme auf-zu-lösen, weil man bei sich beginnt die mit verursachten Ursachen herauszufinden. Schlussendlich wird es notwendig sein, eine Krise bewertungsfrei anzunehmen als ein Ereignis, welches uns hilft Selbst-bewusster zu werden und ja, uns auch dient uns selbst besser kennenzulernen. Schließlich beginnen wir bedingungslos zu lieben und dadurch sich selbst und anderen zu verzeihen.

ॐ৪৪ॐ৪৪ॐ৪৪ॐ৪৪ॐ৪৪ॐ৪৪ॐ৪৪ॐ৪৪ॐ

GROSSE KRISEN
IN D-EINEM LEBEN

WAS IST D-EINE KRISE?

WARUM ERLEBEN WIR KRISEN?

WAS VERÄNDERT SICH DURCH D-EINE KRISE?

DAS LEBEN HAT SEINE HÜRDEN, HINDERNISSE
UND
VIELLEICHT AUCH SEINE SCHICKSALSSCHLÄGE?

JA, DAS LEBEN...HMMM...

Manchmal passiert sehr dramatisches in D-einem Leben. Du erlebst „Schicksals-Schläge„, einer stärker als der andere. Das Leben knallt Dir eines, und dann noch eines und noch eines. Manchmal fühlt man sich, wie ein Boxer der nach einem Kampf vom Hochhaus springt und anschließend im Eismeer eine Runde schwimmt, bevor er wieder in den Ring geht…

…Hmmm…Ja, manchmal vergeht einem das Lachen total und nichts hat mehr einen angenehmen Geschmack. Wir erleben dann oft eine große Sinnkrise und verlieren den Mut sowie Seelenkraft. Ja, wir fühlen uns erschöpft und verlassen - Seelenschmerz total!

WAS KANNST DU TUN IN EINER SOLCHEN SITUATION?

WAS TUST DU, wenn Dich das Leben Herausfordert?

Wieso das Leben uns manchmal so heftig herausfordert, so sehr, dass wir deswegen 24 Stunden lang schreien könnten, kann man eben nicht immer gleich verstehen. Es ist aber so, dass wir Krisen zu einem späteren Zeitpunkt, in einem NEUEN LEBENSKAPITEL eben neu betrachten. Es ist für mich mit dem Verstand nicht in jedem einzelnen Fall klar verständlich, wieso, weshalb, warum. Aber, ich kann sagen, dass ich durch meine Krisen einiges gelernt und erkannt habe und heute ist es so, dass ich Krisen sogar als wertvolle Erfahrungen betrachte. Erfahrungen, welche mein Bewusstsein erweitert haben. Ja, und deswegen kann ich jetzt sagen, dass der logische Verstand eben zu begrenzt ist im verstehen und wenn mein Verstand wieder einmal sagt:

DAS VERSTEHE ICH NICHT, DANN SAGE ICH:
DAS KANN ICH VERSTEHEN…HMMM…☺

WER BIST DU UND WER BIN ICH?

WER BIN ICH UND WER **BIST DU**?

BIN ICH **DU** ODER DU ICH?

...HMMM...

ICH DENKE, ALSO BIN ICH.

ICH BIN DA UND - ICH BIN -

ICH BIN AM LEBEN, ES IST MEIN LEBEN

UND

HEUTE BIN ICH GANZ MICH SELBST.

ICH BIN DANKBAR

JA

DAS - BIN ICH -

Gerade jetzt, wo ich dieses Buch hier schreibe denke ich, dass ICH es sicher nur deshalb schreibe, weil ich selbst große Krisen erlebt habe und ja, ohne diese Krisen wäre ich nie zu dem Menschen geworden, welcher ich heute bin. Jedes Mal, wenn es richtig heftig und deftig wurde in meiner Welt, also, wenn ich einen sehr schmerzhaften „Schicksalsschlag" kassierte, hatte sich mein Leben und meine Einstellung zum Leben enorm verändert und schließlich eine neue Richtung bekommen. Ich werde zwar niemals wissen, wie es gewesen wäre, wenn dies alles nicht passiert wäre, aber das macht nichts, denn es ist nun einmal SO, WIE ES IST. -

MEIN BEWUSSTSEIN VERÄNDERTE SICH DADURCH ENORM UND ICH DENKE, DASS DIES DIE ABSICHT DES LEBENS WAR. KÖNNTE JA SEIN. ☺

WIESO SOLLTE ICH DENKEN, DASS ES ANDERS BESSER WÄRE?

WEISS ICH, WAS BESSER IST?

Mir ist aufgefallen und Dir bestimmt auch, dass jeder Mensch „Schicksalsschläge" erlebt. Jeder hat seine eigene traurige Geschichte. **MANCHE** von uns **ERLEBEN** aber wirklich etwas extrem dramatisches und trotzdem haben sie nicht aufgegeben und gehen einfach weiter im Leben. Manche haben **EINE** so **MEGA** krasse **GESCHICHTE** erlebt, dass es mich erstaunt, wie sie es ausgehalten und durchgehalten haben. **JA**, sogar oft auch **HELDENHAFT**. Es erscheint mir so, dass wir als Mensch auch das Unglück erfahren müssen um zu wissen, was Glück **IST**. SINN-BILDLICH ist **ES** so, wie Tag und Nacht das Leben erst möglich macht? Oder, wie würdest Du es ausdrücken?...HMMM...DA FRAGE ICH MICH:

WIE WÜRDEN WIR **DAS GLÜCK EMPFINDEN OHNE** DAS UNGLÜCK ERLEBT ZU HABEN? JA, UND WIR KOMMEN DURCH GROSSE **KRISEN** AN UNSERE GRENZEN UND GELANGEN DADURCH MEISTENS AN EINEN GEWISSEN

PUNKT •

ICH NENNE IHN:

IHR KÖNNT MICH ALLE MAL, ICH HABE GENUG!
ES REICHT, ICH GEBE MIR BALD DIE KUGEL - **PUNKT.**

An diesem Punkt ist man an seiner eigenen äußersten Grenze „angekommen" und ich nenne diese Grenze: „ICH HALTE DAS ALLES NICHT MEHR AUS". -

Wenn Du da „angekommen" bist, dann möchtest Du am liebsten diese Welt verlassen. - Adieu! Das war`s, nicht mit mir! BAY!

ALLES SCHEINT DANN NUR NOCH SINNLOS **ZU SEIN** UND MAN VERLIERT DIE **LEBENSFREUDE TOTAL.**

ICH selbst war an diesem Punkt. Ich wurde Körperlich einmal sehr Krank. Ich **HABE** zwei Wochen täglich mehrmals erbrochen und war deswegen extrem dehydriert, so, dass ich dadurch sogar Halluzinationen erlebt hatte. Ich hatte eben einen extremen Wassermangel und musste schließlich ins Spital und bin fast gestorben. Nur durch sofortiges intervenieren mit zugeführtem „Wasser" durch Infusionen, habe ich **ÜBERLEBT.** Das war eine Überlebens-Krise, wo ich das Leben fast aufgegeben habe, oder das Leben mich fast aufgegeben hatte. Ein paar Jahre später durfte ich oder sollte ICH eher sagen, musste ich wegen einem, ich nenne es: „das andere Todesangst Erlebnis" ins Bett. Es verpasste mir einen derart heftigen Seelenschmerz, dass mich dieses Erlebnis fast in die anders Welt katapultierte.

ICH HABE NICHT AUFGEGEBEN, ODER HATTE
DAS LEBEN MICH NICHT AUFGEGEBEN!?

➤ ICH WOLLTE **LEBEN** ◄

ES WAR EINE INNERE GEWISSHEIT, EINE ZUVERSICHT, ABER AUCH DER EIGENE WILLE, JA, UND MIT DEM DAMIT VERBUNDENEN UNERSCHÜTTERLICHEN GLAUBEN AN HEILUNG, EBEN DIE LÖSUNG. - SCHLIESSLICH HATTE ICH AUCH EINE NEUE INTENSIVE VERBINDUNG, EINE BEZIEHUNG ZUM SCHÖPFER - GOTT HERGESTELLT, WELCHE MIR INNERLICH EINE UNTERSTÜTZENDE KRAFT GEGEBEN HATTE UM WEITER LEBEN ZU KÖNNEN.

OHHH - ABER, WIE KLAGTE ICH GOTT AN.

ICH FRAGTE „IHN" IN DER STILLE MEINES HERZENS UND DER STILLE DER EINSAMKEIT: „WARUM MUSS ICH SO LEIDEN?"

WIESO **ICH**

WARUM DAS ALLES?

ICH WAR VERZWEIFELT, WÜTEND UND SEHR TRAURIG.

ICH KONNTE ES NICHT VERSTEHEN, ABER ICH WOLLTE ES VERSTEHEN!

KANN MAN ALLES VERSTEHEN?

WARUM WOLLEN WIR IMMER ALLES VERSTEHEN?

LOHNT ES SICH ZU VERSUCHEN ZU VERSTEHEN?

Ich persönlich denke, dass einige Erfahrungen nicht mit dem Verstand verstanden werden müssen - können.

Heute denke ich, dass ICH die Krisen benötigte um das Leben neu zu bertachten und ja, es war eben ein Bewusstwerdungsprozess. So erkannte ich schließlich, dass es wichtiger ist als verstehen zu wollen, das mit dem Verstand Verstehen wollen loszulassen und alles, was dazu gehört eben bedingungslos anzunehmen und mich dem Leben ganz einfach hinzugeben. JA, EINFACH NUR VERTRAUEN, BEDINGUNGSLOS UND AUCH OHNE ZU BEWERTEN, WAR UND IST DER SCHLÜSSEL. ⤙

ZU VERTRAUEN, DASS ES S-EINEN SINN HAT

ALS ICH DIESES BEDINGUNGSLOSE VERTRAUEN GELEBT HATTE und einfach widerstandslos anfing dem Leben, „Gott" zu vertrauten, ERLEBTE ICH von Tag zu Tag immer mehr, wie ein INNERER FRIEDEN in meiner Brust IN MEINER SEELE einkehrte. DAS BRACHTE MIR SCHLIESSLICH DIE ERKENNTNIS, DASS, wenn wir in den schwierigsten Momenten unseres Lebens uns einfach voller Vertrauen dem Leben hingeben und beginnen, die Situation wirklich bedingungslos und liebevoll ANZUNEHMEN UND einfach „nur" zu VERTRAUEN, dass alles gut kommt, gerade dies DER AUF-LÖSUNGS-SCHLÜSSEL IST. Ja, denn so öffnet sich schließlich DAS SEELENTOR DES INNEREN FRIEDENS. ⤙
HEY DU, DIESE ERKENNTNIS SOLLTE JETZT AUCH DER ZAUBERSCHLÜSSEL FÜR DICH SEIN. - Zudem sollten wir wirklich aufhören ständig zu bewerten, zu beurteilen und zu verurteilen. Ja, das sollten wir... - Wenn Du dieses BUCH liest und jetzt vielleicht die größte Krise DEINES LEBENS durch machst, dann beginne die Situation bedingungslos anzunehmen. Gehe vollkommen bewertungsfrei und liebevoll IN DAS URVER-TRAUEN. Wenigstens einmal für ein paar Stunden, einen

Tag UND JA, ohne einen Wiederstand zur Situation zu haben. Einfach „nur" Vertrauen und mit voller AKZEPTANZ ZU DEM, WAS IST. - Zusätzlich mache oft einen Spaziergang im Wald und Schreie, wenn Dir danach ist! Beklage Dich und FRAGE vielleicht GOTT in Deinen Gedanken IN DER STILLE Deines Herzens, was das alles soll und wieso das Ganze jetzt gerade Dir passiert.

FRAGE - KLAGE - SAGE:

HEY, WIESO PASSIERT MIR DAS!

Ins vollkommene Vertrauen zu gehen kann wirklich jeder. Wir können dadurch leichter unseren Seelenschmerz dem Leben hingeben, zumindest für einen Moment. Durch das widerstandslos sein sind wir bald erleichtert und es wird einfacher, die Situation anzunehmen. - Also, den Seelenschmerz einmal richtig zulassen und annehmen, VERTRAUEN und <u>nicht</u> verdrängen IST DER SCHLÜSSEL! Lasse den Schmerz wirklich bewusst zu und fühle ihn einmal ohne zu bewerten und ganz bedingungslos, liebevoll und vollkommen urteilsfrei. Weinen ist Edel, wenn Du keine „Heulsuse" bist. ☺

DURCH DAS ANNEHMEN UND FÜHLEN DES SEELENSCHMERZES WIRD DIESER IMMER WENIGER, BIS ER SICH SCHLIESSLICH NACH UND NACH AUFLÖST. BEDENKE, DASS KEIN GEFÜHL ZUM DAUERGEFÜHL WIRD, AUCH DER GRÖSSTE SEELENSCHMERZ NICHT.

NICHTS EXISTIERT, WAS VON DAUER IST.
DAS EINZIGE DAUERHAFTE IST
DIE VERÄNDERUNG.
Buddha

WIR WERDEN EIGENTLICH VOM LEBEN HERAUSGE-
FORDERT, eben sehr schwieriges auch einmal auszuhalten und durchzuhalten. - Ja, einmal im Leben eine wirklich große Krise zu erleben, hat wirklich eine positive
Seite. Ja, wenn man genau hinschaut und aufhört zu
bewerten wird man durch Krisen aufmerksamer, achtsamer und sensibler, - man kann verständlicher helfen,
wenn jemand Unterstützung nötig hat und wird be-
scheidener sowie SELBST-BEWUSSTER. SCHLIESSLICH
ERKENNT MAN DEUTLICHER DEN EIGENTLICHEN
WERT VON DINGEN und je intensiver ein solches See-
lenerlebnis eben war, desto stärker verändert sich auch
unsere Persönlichkeit ins Positive. Ja, man wird authentisch und demütig, liebesfähiger eben liebenswürdiger,
weiser, eigenständiger, gewissenhaft und schließlich
wird unsere Wesensnatur merklich stärker und gleichzei-
tig sanfter. DIES SIND WAHRHAFTIGE KÖNIGLICHE
EIGENSCHAFTEN, WAHRE INNERE SCHÄTZE. JA,
SOLCHE EIGENSCHAFTEN SOLLTEN IMMER UND BEI
JEDEM MENSCHENWESEN IN ERSCHEINUNG TRE-
TEN, WELCHES EINE GROSSE KRISE DURCHLEBT.

JA, DU KANNST ALLES ER-SCHAFFEN, WENN DU VERTRAUST, WILLST, LIEBST UND DIE GEWISSHEIT IN DIR HAST.

DAS VERTRAUEN, DER WILLE, DIE LIEBE UND DIE
GEWISSHEIT SIND UNIVERSALSCHLÜSSEL UM DAS
LEBEN ALS EIN MÄRCHEN ZU ERLEBEN. ICH HABE
ERKANNT, DASS MEIN VERSTAND BEGRENZT IST
IM VERSTEHEN UND DIESE ERKENNTNIS IST EIN
SEGEN IN MEINER WELT UND JETZT IN DEINER. ☺

➢ VERTRAUE DEM LEBEN ◄

JA, KRISEN FORDERN UNS AUF, DEM
LEBEN BEDINGUNGSLOS ZU VERTRAUEN.
UND JA, WEGEN EINER GROSSEN KRISE WIRD
AUCH UNSERE EGONATUR VEREDELT. -
HEY DU, ICH MÖCHTE EIN BISSCHEN SPÄTER
WEITER DARAUF EINGEHEN. - **DAS LEBEN IST
EIN MÄRCHENHAFTES
MYSTERIUM** UND JA, ES IST AUCH IN EINZELNE
LEBENSABSCHNITTE, **LEBENSKAPITEL**
AUFGETEILT, WEIL

DAS BUCH DES LEBENS

KAPITEL HAT UND KEIN ENDE KENNT...

ೞೞೞೞೞೞೞೞೞೞೞೞೞೞೞೞೞೞ

JETZT BRAUCHE ICH ABER DRINGEND
EINE PAUSE.

KEINE SORGE, DIESES BUCH HAT ES:

❧ MÄRCHENHAFT IN - SICH ❧

❀ ☺ ☺ ☺ ❀

Perlen der Weisheit

Erfolg hat drei Buchstaben:

Tun!

Johann Wolfgang von Goethe

DAS LEBEN BIETET DIR FÜR DAS DURCHHALTEN UND AUSHALTEN IM GEGENZUG **WERTVOLLE PERLEN!**

Perlen der Weisheit
und
Perlen der Erkenntnis

DU ENTDECKST AUCH **DURCH** MEHR **AUFMERKSAMKEIT** GANZ **BESTIMMTE NATUR PHÄNOMENE**, WELCHE EINE ZAUBERHAFTE PRO-BLEM-LÖSUNG FÜR DICH DARSTELLEN.

IN DIESEM BUCH WERDE ICH EINIGES DAVON ERZÄHLEN UND DIR AUFZEIGEN, DASS WIR EBEN SEHR VIELES SELBST IN DER HAND HABEN, SELBST BEEINFLUSSEN UND MITGESTALTEN KÖNNEN. - WIR SIND NICHT EINFACH NUR EINEM VORBESTIMMTEN SCHICKSAL AUSGELIEFERT.

ICH BIN DAVON ODER BIN ICH
ÜBERZEUGT?! ☺

ICH SEHE ÜBERALL MÖGLICHKEITEN SELBST MITZUGESTALTEN, **EINFACH** DURCH MEINEN FREIEN WILLEN, DER VORSTELLUNGSKRAFT UND DER LIEBE IN MIR. JA, DIES VERMITTELT MIR:

☺ EIN WUNDERSCHÖNES GEFÜHL ☺

Ja, ich denke, dass es Bildlich gesprochen so ist, dass, wenn wir einmal an einer Wegkreuzung stehen, wir selbst entscheiden in welche Richtung wir weiter gehen.

WIR ENTSCHEIDEN STÄNDIG, OB BEWUSST ODER UNBEWUSST! DOCH MEISTENS ZU OFT UNBEWUSST UND AUCH AUS DEM VERSTANDES-DENKEN HERAUS.

ICH MÖCHTE DIR MIT DIESEM BUCH MÖGLICHE PRO-BLEM-LÖSUNGEN AUFZEIGEN UND JA, DIR DAMIT EINEN DIENST ERWEISEN.

DIR HELFEN, DASS DU mehr und mehr Deiner inneren Stimme, DEINER inneren Weisheit, Deiner INTUITION sowie Deinen Visionen VERTRAUST. ☺

LASSE DICH VON DIESER INNEREN GEWISSHEIT FÜHREN, weil das Mysterium des Lebens ständig durch diese leise Stimme zu Dir spricht. Manchmal auch durch einen Zufall. JA, wahre SCHÄTZE sind sogar für DICH im Zufall platziert, versteckt oder verborgen. -

➢ WAS IST **GLÜCK** ⩤

Manche Gewinnen im Lotto und nennen es Glück. Aber, wie oft hat dieser Gewinn ihr Leben Ruiniert?

Ein anderer hat einen Unfall mit dem Fahrrad und muss für ein paar Tage ins Spital. Das nennen wir oft Pech. Doch dort lernt er eine nette Krankenschwester kennen und schließlich wurde diese Schwester:

➢ DIE **LIEBE** SEINES **LEBENS** ⩤

Was **GLÜCK** ist und was Glück nicht ist, ist lediglich eine beschränkte Sicht auf das, was **IST!** Suche nicht nach Glück, sondern versuche stattdessen das Glück zu sehen und zu erkennen, da wo es **JETZT** ist.

WAS DU GLÜCK NENNST, NENNT EIN ANDERER PECH!

➢ WAS IST **GLÜCKLICH - SEIN** ⩤

WEISE SAGEN:

UM GLÜCKLICH ZU SEIN, MUSS MAN SICH AUCH ENTSCHEIDEN - GLÜCKLICH ZU SEIN -

JA, UM GLÜCKLICH ZU SEIN BRAUCHT ES
AUCH EINE FREUDIGE EINSTELLUNG ZUM LEBEN.
GEHE **JETZT** VOLLKOMMEN INS URVERTRAUEN
UND FLÜHLE, WIE **LEBENDIG** DU IN DIR BIST.
ZU LEBEN IST EIGENTLICH GRUND GENUG
UM **GLÜCKLICH** ZU **SEIN - UND, HEY DU:**

DAS LEBEN HAT DICH ERSCHAFFEN
UND **MÖCHTE, DASS DU LEBST.** ☺

JA, DAS LEBEN HAT FREUDE AN
DIR UND LIEBT DICH.

AUSSERDEM IST DIESES BUCH **JETZT** EINE CHANCE
FÜR DICH. ICH MÖCHTE DIR MIT DIESEM
BUCH WIRKLICH HELFEN MEHR IN DIE
EIGENVERANTWORTUNG, IN DIE
EIGENSTÄNDIGKEIT UND IN DAS
UNERSCHÜTTERLICHE **URVERTRAUEN**
ZU KOMMEN. DIES IST **WIRKLICH WICHTIG** UND
JA, ES SIND BESONDERERE ZAUBERSCHLÜSSEL! ⚷

SO, WIE DER ATEM DAS LEBEN ERHÄLT, SO SOLLTEST DU
DIE UNSICHTBARE LUFT, DIE FÜHRUNG GOTTES, ALS
SELBSTVERSTÄNDLICH EMPFINDEN UND SCHLIESSLICH:

DIE KRISEN DES LEBENS
HELDENHAFT
MEISTERN!

✳

ORIENTIERE DICH AN DEN
GROSSEN SEELEN DIE GEKOMMEN
SIND, SCHWIERIGKEITEN AUSGEHALTEN
UND DURCHGEHALTEN HABEN UND
SCHLIESSLICH AUF-GELÖST HATTEN.

✳

ES SOLL DIR STETS KRAFT,
MUT UND VERTRAUEN GEBEN,
JA, ZU WISSEN, DASS
DAS LEBEN DICH LIEBT.

HELDEN VERTRAUEN
DEM LEBEN!

DEINE SEELE HÄTTE KEINEN REGENBOGEN,
WENN DEINE AUGEN NICHT
WEINEN KÖNNTEN.
INDIANISCHE WEISHEIT

WIR KÖNNEN DIE WELLEN DES LEBENS
NICHT STOPEN, ABER WIR KÖNNEN
„SURFEN" LERNEN.

LASS DAS LEBEN SEINE WELLEN SCHLAGEN.
WELLEN SPÜLEN MUSCHELN MIT
PERLEN ANS UFER.

WENN DU HEUTE AUFGIBST, WIRST DU
NIE WISSEN, OB DU ES MORGEN
GESCHAFFT HÄTTEST.

DU UND ICH SIND WIR UND

WIR - SIND

WIR SIND

UND

WIR SIND EINS

EINE MENSCHHEIT!

KEINE DUMMHEIT!

KLAR?

➤ DU IM TITEL ◄

WESHALB ich in der „**DU**" Form schreibe erkläre ich
Dir an dieser Stelle ganz kurz, weil ich es so möchte.
Es ist so, dass ICH das „**SIE**" überhaupt nicht
leiden kann. WIE IST DAS BEI DIR?
Ist es für Dich wichtig oder gefällt es Dir besser, wenn
Du mit „SIE" angesprochen wirst, oder magst Du das
„DU" auch lieber, SO WIE ICH?

WIESO DIESE FRAGE?

SIE ENTSCHULDIGEN MICH SICHER.

ODER FINDEN SIE, DASS ICH DA AUF
DEM „FALSCHEN WEG" BIN?

SIE GLAUBEN MIT „SIE" ANGESPROCHEN ZU
WERDEN IST FÜR SIE EINE FRAGE VON RESPEKT?

ODER, SIE DENKEN MAN VERSCHAFFT
SICH SO VIELLEICHT MEHR RESPEKT?

Wissen Sie, es ist für mich eine sehr wichtige Frage, weil
zwischen ihnen und mir eventuell durch das „SIE"
eine unangenehme Distanz entsteht.

ODER, FINDEN SIE, DEM IST NICHT SO?

Die jüngeren Leser werden dies bestimmt ganz
anders empfinden als die älteren Leser,
da bin ich mir sicher.

WAS HABEN **SIE** JETZT FÜR EINE EMPFINDUNG?

WIE EMPFINDEST **DU** DIES JETZT?

SPÜREN SIE, SPÜRST DU DEN UNTERSCHIED?

WENN EIN FREMDER SIE MIT „DU" ANSPRICHT,
WAS GEHT DA IN IHNEN VOR?

WIESO IST ES FÜR SIE SO UND FÜR JEMAND
ANDEREN GANZ ANDERS?

ICH FRAGE DIES, WEIL ICH SIE MIT FESTGEFAHRENEN
MUSTERN KONFRONTIEREN MÖCHTE!

SIE UND ICH ODER DU UND ICH,
WO LIEGT DA DER UNTERSCHIED?

SIE MERKEN DOCH, DASS WENN ICH SIE MIT „SIE" ANSPRECHE,
SIE EINE GANZ BESTIMMTE HALTUNG EINNEHMEN.

ODER?

ICH SCHREIBE DIESES BUCH GANZ BEWUSST
EBEN NICHT **IN** DER „SIE" FORM!
WEIL ICH DIE „DU" FORM SEHR **LIEBE** UND
AUCH VIEL SYMPATHISCHER EMPFINDE.

➢ **HEY, - DU - BIST WICHTIG** ◄

JA, UND DU BEKOMMST VON MIR **JETZT**
MEINE VOLLE WERTSCHÄTZUNG!
SCHLIESSLICH LIEST DU JETZT MEIN ERSTES BUCH. -

ICH DENKE, dass Du das gelesene in der „DU" Form persönlicher empfinden wirst. Ich möchte Dich eben seelisch berühren. **ICH BIN** sicher, dass **DU** beim Lesen eine ganz besondere Vertrautheit und Nähe spüren wirst, **WEIL ICH DICH**

➢ DUZE ◄

Jetzt sage ich Dir, wie ich das mit dem „**SIE**" wirklich sehe: „Ich finde einfach, dass das „SIE" eine sehr künstliche, traditionell autoritäre Respektsfloskel ist. Ja, und zudem habe ich eben eine unangenehme Empfindung von einer eher unsympathischen Distanz.

WIE IST ES FÜR DICH?

IST ES UNSERE KULTUR ODER IST ES DIE TRADITION, DASS WIR DAS „SIE" VERWENDEN?

IST DAS ANSPRECHEN MIT „SIE" FÜR MANCHE EIN INTERESSANTES SPIEL?

IST ES WITZIG UNPERSÖNLICHER ZU SEIN UND MEHR AUF DISTANZ ZU KOMMUNIZIEREN?

WAS DENKST DU DARÜBER?

ALSO, JETZT SAGE ICH DIR, WIE ICH DAS SEHE:
DAS „DU" SCHAFFT IMMER **NÄHE**, IST SYMPATHISCH, IST BRUDER UND SCHWESTER, IST FREUND, VATER UND MUTTER, IST LEBENDIG UND **NEBEN DIR.**

FÜR MICH IST ES SO, DASS, WENN WIR MITEINANDER SPRECHEN, ALSO, AUF DER „DU" BASIS, DIES FÜR MICH DIE GRUNDLAGE DARSTELLT UM SICH BEI MIR EINEN ECHTEN UND WAHRHAFTIGEN RESPEKT ZU VERSCHAFFEN, JA, WEIL DER RESPEKT DANN ECHT IST.

JA, so sehe und erlebe ich das wirklich und an dieser Stelle kommt noch hinzu, dass ich das „ICH" gerne an die „erste" Stelle setzte, ohne dass ich dabei das „DU" unter mich oder über mich stelle, weil ich es ganz

EINFACH:

<u>NEBEN</u> MICH „STELLE"

NICHT ÜBER MICH NICHT UNTER MICH, SONDERN GENAU:

<u>DU + ICH NEBEN MICH</u>

HAST DU GESEHEN? - NEBEN MICH - ☺

IN MEINER WELT versuche ich das „SIE" immer, und so schnell wie möglich ins „DU" zu wandeln. Meistens gelingt es mir sehr schnell ins „DU - GESPRÄCH" zu kommen.

WIE IST DAS BEI DIR?

➢ **KANNST DU HERZHAFT SAGEN** ◁

ICH BIN WIRKLICH **FREI** UND BESTIMME SELBST, **ICH LIEBE** DAS SPIEL DAS ICH SPIELE? ODER IST DAS LEBEN GAR KEIN SPIEL FÜR DICH? IST DAS LEBEN FÜR **DICH** EIN KAMPF?

➤ JEDER LEBT IN SEINER EIGENEN WELT ◄

JA, IN EINER WELT DER EIGENEN VORSTELLUNGEN, VOLLER GEWOHNHEITEN, ÜBERZEUGUNGEN UND GLAUBENSSÄTZEN. - DER MENSCH DEM DU GERADE BEGEGNEST MÖCHTE DIR WOMÖGLICH GERADE ETWAS WICHTIGES SAGEN, **HÖRST DU** AUFMERKSAM **ZU,** WAS ICH SAGE?

DU BEGEGNEST IMMER DIR **SELBST**

IST DAS JETZT PARADOXE PSYCHOLOGIE?

OB **DU** EINE PERSON EBEN KENNENGELERNT HAST ODER SCHON LÄNGER KENNST, DU **BIST** MIT DIESER PERSON

IN RESONANZ GEKOMMEN.

SPÄTER MEHR DAZU…

DU ENTSCHEIDEST IMMER **SELBST**

Entweder BEWUSST ODER UNBEWUSST. Wie Du auch auf Dein Gegenüber reagierst oder agierst, DU BIST es selbst der entscheidet, WIE DU RE-AGIERST.

JA, ES IST IMMER D-EINE **ENTSCHEIDUNG.**

Hey Du, es ist doch nicht unanständig, wenn Du eine Person die Du nicht kennst von Anfang an mit „DU" ansprichst. - Wichtig ist doch nur, dass Du freundlich und respektvoll bleibst! Ja, und eben auch Dir zuliebe…

…WIE SIEHST DU DAS?

So, und jetzt genug vom „**SIE**" und „**DU**" JETZT kommen wir zum **Wir!**

HEY, WIR SIND DOCH IN WAHRHEIT, ALSO,
GALAKTISCH GESEHEN, BRUDER UND SCHWESTER,
EINE MENSCHHEIT, JA, UND DABEI AUCH
WUNDERVOLLE UND GANZ **SOUVERÄNE**

GÖTTLICHE GEISTIGE WESEN.

DIES SIEHST DU BESTIMMT AUCH SO?

DU UND ICH - WIR SIND HIER AUF DIESEM
WUNDERSCHÖNEN PLANETEN ERDE UND
JEDER VON UNS MACHT VIELERLEI UND
GANZ UNTERSCHIEDLICHE ERFAHRUNGEN.
MEISTENS ERFAHRUNGEN, WIE ES IST, EIN
GUTER, LIEBER UND INTERESSANTER
HERZENSMENSCH ZU SEIN.

DAS IST DOCH SO?

DIES IST M-EINE ETWAS SPIRITUELLE SICHT AUF:

DAS
➢ WUNDER DES LEBENS ◄

BIST DU UND ICH
WIR UND SIND WIR
EIN WUNDER?

Du hast jetzt **DIESES BUCH** in Deinen Händen und ich bin recht sicher, dass Du es gerade deshalb in Deinen Händen hast, weil Du im Moment vom Leben **ÜBERRASCHT**, überrumpelt oder vielleicht doch eher überfordert wirst…hmmm…

ODER, IST ES EHER SO, DASS DU JETZT BEREIT BIST FÜR EINEN NEUEN BLICKWINKEL?

ODER, HAST DU SCHON SEIT EINER LANGEN WEILE BESTIMMTE LEBENSFRAGEN?

➢ z. B. **WAS DER SINN DEIN**E**S LEBENS IST***?* ◁

JA, DIESER VERFLIXTE SIEBTE SINN. ☺

Ach ja, und wenn DU gerade gefordert WIRST, wirst Du eben auch GEFÖRDERT UND schließlich AUFGEFORDERT, BESSER HINZUSEHEN UND BESSER HINZUHÖREN.

VIELLEICHT bist Du im Moment auch sehr verzweifelt, sehr traurig oder Du hast total keine **LUST** mehr

zu LEBEN*?*

ODER, **DEIN LEBEN HAT** SCHEINBAR IRGENDWIE KEINEN **SINN** MEHR FÜR DICH?!

Hat Dich das Leben kürzlich aus der unglücklichen Gewohnheit geworfen? Hast Du jetzt gerade eine sehr große Krise? Hast Du große Schwierigkeiten, oder MÖCHTEST DU einfach nur mehr über DAS MYSTERIUM DES LEBENS ERFAHREN?

BEFINDEST DU DICH, **BIST DU INMITTEN VON**
PROZESSEN VON **GROSSEN VERÄNDERUNGEN**
UND DAS MACHT DIR MEGA VIEL SORGEN?
HAST DU VIELLEICHT NICHT MEHR VIEL *SPASS?*

Ich sage Dir nun, dass Du damit auch nicht ganz
alleine bist. **WIR LEBEN** in einer ganz besonderen
Zeitqualität, in einem Wandel der Zeit, **IM** Gezeiten
Wandel, **BEWUSST-SEINS-WANDEL** und dem
Zeitenwandel.

MIT DIESEM BUCH MÖCHTE ICH
DIR BEHILFLICH SEIN, BEIM
BEWUSST-SEINS-WANDEL.
JA, UND **DICH** ZUDEM AUCH **ERMUTIGEN**
EBEN <u>NICHT</u> AUFZUGEBEN.

HEY DU,

ICH MÖCHTE

IN MEINER WELT

EINE **PAUSE** MACHEN.

ICH HABE DIESES BUCH FÜR DICH GESCHRIEBEN*!*
WIESO? TJA, LIES EINFACH WEITER...
HEY DU, ABER ERST NACH D-EINER **PAUSE.** -

WENN **DU** IMMER VERSUCHST,
ALLES UNTER KONTROLLE ZU HABEN,
GENIESST DU NICHTS UND
LEBST NICHT **MÄRCHENHAFT.**
HEY DU, ENTSPANNE DICH
UND GENIESSE DEN **MOMENT**
DER GERADE **JETZT** IST.

ICH HABE DIESES BUCH

FÜR DICH

GESCHRIEBEN

♥

JA, FÜR DICH!

WIESO NICHT ?

WIESO FÜR DICH ?

❀ WEIL DU WERTVOLL BIST. ❀

HEY,

DU IN DEINER WELT

JA, DU IN DEINER WELT ☺ **ICH HABE** GANZ
BESTIMMT **DIESES BUCH** AUCH **FÜR** DICH UND
DICH ODER DICH **GESCHRIEBEN.** JA,

➤ FÜR DICH ◄

NOCH MEHR ZU DIESEM BUCH

DIESES BUCH IST WIRKLICH EIN AUSSERGEWÖHNLI-CHES BUCH. Es ist ein ganz spezielles und einzigartiges Buch **IM GESAMTEN BÜCHERWALD, WEIL ES ALLES** Wesentliche und **NOT-WENDIGE ENTHÄLT**, damit Du ohne ein Motorengeräusch fliegen lernst - kannst…

JA, MÖGLICHERWEISE SOGAR FLIEGEN. ☺

DU WIRST VIELLEICHT SCHON BALD **DURCH DEIN EIGENES MÄRCHENLAND DEINER TRÄUME FLIEGEN** UND JA, GEWISS OHNE DABEI DIE UMWELT ZU VERPESTEN.

➢ **GR☺SS** UND KLEIN IMMER **BEOBACHTEN** ◄

AN DIESER STELLE SOLLTEST DU EIGENTLICH EIN WEITERES MAL **LÄCHELN.** ☺

DU BIST, SOWIE DIESES BUCH

EIN WUNDER.

JA, ES IST GENAUSO **EINZIGARTIG,** WIE **ICH UND DU**!

ICH BEMÜHE MICH SEHR DICH AUCH DARAN ZU ERINNERN UND AUSSERDEM WÜNSCHE ICH MIR, DASS DU JETZT FREUDE BEIM LESEN EMPFINDEST.

HAST DU AUCH EIN BISSCHEN **SPASS BEIM LESEN**? ☺

ICH BIN DABEI ZAUBERHAFTE PRO-BLEM-LÖSUNGEN ANZUSPRECHEN UND MÖCHTE DICH EBEN ZWISCHENDURCH EIN BISSCHEN AUFHEITERN…**EASY -** ODER? ☺

➢ HEY **DU** ◄

WEISST DU WAS?

DU BIST EIN EINZIGARTIGES, EINMALIGES UND WUNDERVOLLES, ABSOLUT VOLL SOUVERÄNES GEISTIGES WESEN!

JA, ERINNERE DICH, WIE UNBESCHWERT DU ALS KIND GEWESEN **BIST** UND HEY, ICH WERDE DIR IN DIESEM BUCH WERTVOLLE INFOS ZU SPIELEN. ;) JA, ICH MÖCHTE EINFACH, DASS DU DICH SELBST WIEDER ERKENNST ALS EIN WUNDERVOLLES GEISTWESEN AUSGESTATTET MIT ZAUBERHAFTEN FÄHIGKEITEN! - HEY DU, **DU BIST EIN WERTVOLLER, SOUVERÄNER UND LIEBEVOLLER MITGESTALTER DER EWIGKEIT.** UND HEY,

DU BIST EIN EINZIGARTIGES,
EINMALIGES, WUNDERVOLLES, FASZINIERENDES UND ABSOLUT VOLL SOUVERÄNES GEISTWESEN.

JA, DU BIST EIN SOUVERÄNES WESEN!

JA, ERINNERE DICH JETZT! - SO, UND JA, NUN WÜNSCHE ICH MIR, DASS DU DANK DIESEM BUCH DEIN LEBEN LIEBEVOLLER, SELBST - **BEWUSST**-ER, EBEN SELBSTBESTIMMENDER LEBEN WIRST.

DIE MEISTEN BÜCHER LESEN WIR NUR EINMAL,
VIEL ZU SCHNELL UND AUCH NOCH **MIT** ZU WENIG:

AUFMERKSAMKEIT*!*

BITTE, LESE DIESES BUCH LAAAANGSAAAAM
UND MIT VOLLER AUFMERKSAMKEIT
IN ABSOLUTER

➢ FUNK - STILLE ◄

EASY - ODER? ☺

ES GIBT BÜCHER DIE ES WIRKLICH SCHAFFEN,
DEIN LEBEN ZU VERWANDELN. JA, SO, DASS SIE DEIN
LEBEN WIRKLICH BEREICHERN UND **DIR EINE**
BEDEUTENDE, ENTSCHEIDENDE UND EBEN
MÄRCHENHAFTE, POSITIVE RICHTUNG GEBEN.
ICH MÖCHTE, DASS DIES EIN WUNDERVOLLES
BUCH FÜR DICH IST UND, HEY DU:
ICH GEBE MIR SEHR GR☺SSE MÜHE, DASS ES EIN
SOLCHES SEIN WIRD! DIESES BUCH WIRD BESTIMMT
DEIN LEBEN MÄRCHENHAFT VERWANDELN UND JA,
ES WIRD DIR SICHER EINE NEUE SICHT AUF DIESE WELT
UND EBEN DEINE WELT GEBEN. DAS HABE ICH MIR
VORGENOMMEN. AUSSERDEM MÖCHTE ICH DIR MIT
DIESEM BUCH EINE GROSSE FREUDE MACHEN UND JA,
ICH HABE ES SO GESTALTET, DASS DU MANCHMAL
WÄHREND DEM LESEN, ALSO, AB UND ZU, EIN SCHÖNES
UND STAUNENDES LÄCHELN BEKOMMEN WIRST.
BESTIMMT AUCH DANN, WENN DU VIELLEICHT GERADE
NICHTS ZUM LACHEN HAST. SCHLIESSLICH SOLL LESEN
AUCH SPASS MACHEN…UND **JA**…HMMM…

☺ MAL SEHEN, WAS ICH **TUN** KANN. ☺

ES WIRD Dir bestimmt DEIN schönes HERZ wieder ÖFFNEN, wenn es sich verschlossen hat, UND Du wirst dadurch für alle, welche DIR von jetzt an auf Deinem Lebensweg begegnen ZUM SEGEN. DU WIRST LIEBE VERSTRÖMEN, ja, verschenken UND dadurch segensreich in Deiner Welt wirken. Ja, lebe doch einfach MÄRCHENHAFT, zelebriere und genieße das spannende Abenteuer

> ➤ LEBEN ◄

ICH BRAUCHE JETZT EINE PAUSE.

HEY, DU BESTIMMT AUCH - ODER?

KOMM SCHON, ES TUT soooo GUT!

☺ DIE KRISEN DES LEBENS ☺

HELDENHAFT
MEISTERN

☺

➤ SCHAFFE DIR ZIELKLARHEIT - WAS MÖCHTEST DU? ◄

DU **SELBST** ZU SEIN UND ZU **VERTRAUEN**

Ich möchte Dir zudem helfen die selbst verursachten Ursachen herauszufinden und außerdem, wenn Du im Moment einen „Alptraum" erlebst, dann möchte ich Dich daraus aufwecken. Schließlich, so vermute ich, fordert Dich das Leben jetzt auf:

DU **SELBST** ZU SEIN UND DIR ZU **VERTRAUEN**

DEM LEBEN ZU VERTRAUEN

JETZT HAST DU wirklich DIESE CHANCE Dein Leben umzuwandeln. Ich bin sicher, dass Du bald damit beginnen wirst EIN NEUES DENKEN UND somit ein neues HANDELN UMZUSETZEN.

Bestimmt wirst Du dadurch EIN ganz NEUES und schönes LEBEN zelebrieren können. - Ja, mit den jetzt neu ENTDECKTEN Möglichkeiten UND MIT dem erweiterten BEWUSSTSEIN wirst Du DEINE WELT bestimmt NEU UND SCHÖN GESTALTEN. -

WACH JETZT AUF AUS DEINEM ILLUSORISCHEN TRAUM **UND ERLEBE DEN TRAUM DES LEBENS GANZ NEU UND ERKENNE DIE MÖGLICHKEITEN** DIE DIR GEBOTEN WERDEN UM **EIN ERFÜLLTES LEBEN ZU LEBEN.**

HEY DU, DAS LEBEN IST KEIN ALPTRAUM*!*
DAS LEBEN IST EIN MÄRCHENHAFTER TRAUM,
EIN ABENTEUER, JA, MITTEN IN EINER
MÄRCHENHAFTEN LANDSCHAFT **UND** HEY:

➢ **DU BIST MITTEN DRIN*!*** ◁

ભ ☺ ઈ

WAU!

DEIN LEBEN IST EIN TRIP INS GLÜCK **EIN** WUNDERVOLLER
TRAUM, EBEN EIN **MÄRCHEN IM SCHLOSSGARTEN
DER EWIGKEIT.**

KANNST DU DIE **WUNDER** NOCH **SEHEN*?***

DIESE WELT IST SO wunderbar und **ZAUBERHAFT,
DASS ES** endlich **ZEIT WIRD,** dass Du ein „Handbuch"
zur Hand hast um es auch **MÄRCHENHAFT LEBEN
ZU KÖNNEN.** Somit wirst Du es schließlich
wirklich bald wahrhaftig und KÖNIGLICH
zelebrieren UND genießen, ja, und den Duft der
Rosen und Sonnenblumen GANZ NEU riechen.

ERFINDE DICH DOCH **NEU**

DU KANNST ANFANGEN MEHR BEDINGUNGS-
LOS ZU LIEBEN UND AUFHÖREN ANDEREN
SCHULDZUWEISUNGEN ZU MACHEN.

HEY DU, WEISST DU NOCH DAMALS?

WIE DU ALS KLEINES KIND OFT HINGEFALLEN BIST UND
DU DANN IMMER WIEDER AUFGESTANDEN BIST?

WIR MACHEN ALS MENSCHEN VIELE VERSCHIEDENE UND AUCH
ENTTÄUSCHENDE SOWIE SCHMERZLICHE ERFAHRUNGEN,

ICH WEISS.

WAS SOLL ICH TUN?!

Ohne DEIN ARSCH zu BEWEGEN wird sich Dein Leben
in Deiner WELT nicht wirklich wunderbar oder
wunderschön VERWANDELN….

…UPS :)

ACH, VERZEIHUNG ☺

DU WEISST JA, ICH WAR SELBST SCHON AM NORDPOL.
HEY DU, UND ICH WEISS, WIE SICH DAS ANFÜHLT!
…HMMM…TJA, **AM BESTEN** IST, DU STELLST DICH DEN
HERAUSFORDERUNGEN DES LEBENS GLEICH **JETZT.**
DU BEGINNST DAMIT DEINE KRONE WIEDER ZU
RICHTEN. **JA,** DIE AUF DEINEM KOPF! VERTRAUE DEM
LEBEN, LASSE DICH INSPIRIEREN UND DANN PACKST DU
ES GANZ LIEBEVOLL UND RUHIG AN. KLAR? ABER HEY,
WENN DIR WIRKLICH DIE KRAFT ZUR VERÄNDERUNG
UND ERNEUERUNG FEHLT, DANN MACHT DAS NICHTS!
WEIL, DANN SOLLTEST DU DIR GANZ BEWUSST
EINE PAUSE GÖNNEN!

GÖNNE DIR EINE AUS - ZEIT

GENIESSE DAS NICHTS - TUN

JA, GEHE WIRKLICH OFT **IN DIE STILLE** DER NATUR.
GÖNNE DIR TÄGLICH EIN BAD MIT KERZENLICHT.
KOCHE DIR TÄGLICH D-EINE LIEBLINGSSPEISE UND
GENIESSE DIESE WIRKLICH ALS EIN GESCHENK
DES LEBENS! BITTE DENKE IMMER DARAN, DASS DAS
LEBEN EIN MÄRCHEN IST UND JA, ES KANN AUCH SEHR
HILFREICH SEIN, WENN DU AUCH EINMAL SAGST:

EINEN **LÖWEN** INTERESSIERT ES NICHT
WAS EIN SCHAF ÜBER IHN **DENKT.**

FRAGE:

WAS IST DEIN LIEBLINGS TIER?

HAST DU EINES ODER KEINES?

ZU WELCHEM TIER ODER ZU WELCHEN TIEREN
HAST DU EINE GROSSE SYMPATHIE?

Würdest Du Dich archetypisch gesehen eher als ein
Einzelgänger oder eher als ein Herdentier bezeichnen?
Es ist sehr wichtig, dass Du Dich richtig einschätzen
kannst. Hey klar, auch Schafe habe ganz besondere
Fähigkeiten die ein Löwe nicht hat. Komm schon!

➢ **LACHE** ☺ ◄

Worauf ich wirklich hinaus will, ist, Dir klarzumachen,
dass **DU** alles schaffen und erschaffen **KANNST,** was
immer Du Dir vornimmst, **WEIL DU** ein Mensch bist,
ja, weil Du Geist vom **GEIST GOTTES BIST!**

GIBT ES EIN BESSER?

GIBT ES **EIN EDLER?**

BESSER GIBT ES NICHT NUR EIN ANDERS.

ABER, **EDLER** GIBT ES? **ODER***?*

HEY, AUCH EINE RAUPE HAT EINE AUF-GABE UND ERFÜLLT EINEN BESTIMMTEN ZWECK, ABER EIN SCHMETTERLING IST FÜR MICH SCHON EDLER…

WIE IST DAS FÜR DICH?

WILLST **DU** EDEL SEIN?

BIST DU SCHON **EDEL***?*

ICH WÜNSCHE DIR NUN ERKENNTNISREICHE UND SEGENSREICHE MOMENTE, VIEL AHA, UND NATÜRLICH AUCH EIN BISSCHEN SPASS SOWIESO KÖNIGLICHE FREUDE BEIM LESEN. ☺

ICH BIN, DU BIST UND WIR SIND.

DU BIST ICH **UND** ICH BIN DU, JA,

WIR SIND:

EINZIGARTIG

SOUVERÄN

VOLLKOMMEN

⚷ ❤

IM NÄCHSTEN KAPITEL GEHEN WIR IN
D-EINE WELT UND SCHAUEN EINMAL,
WAS ES DORT ALLES ZU **ENTDECKEN** GIBT.

ICH MACHE **JETZT** EINE KURZE **PAUSE.**

WIR LEBEN ZU SEHR IN DER VERGANGENHEIT,
HABEN ANGST VOR DER ZUKUNFT UND
VERGESSEN DABEI VÖLLIG,

DIE GEGENWART
ZU GENIESSEN UND IN IHR ZU LEBEN. -

ES IST EINE **VER-RÜCKTE** ZEIT, **ICH WEISS...**

WARUM SICH SELBST BESCHRÄNKEN?
DAS LEBEN IST VOLLKOMMEN, UND WENN WIR
ETWAS NICHT VERSTEHEN, DANN VERSTEHT ES EBEN:

➢ DAS LEBEN ◄

LIEBE IST NICHT DAS, WAS MAN ERWARTET
ZU BEKOMMEN SONDERN DAS,
WAS MAN BEREIT IST ZU **GEBEN**

WILLST DU
DEN WEG DER FREUDE GEHEN?
DANN ZIEH DIR DIE SCHUHE DES
VERTRAUENS AN, DIE JACKE DER
ZUVERSICHT, SETZ DIR DEN HUT DES
MUTES AUF UND STECKE DIR DIE
SCHLÜSSEL DER GEWISSHEIT IN DIE
TASCHE MIT DENEN DU DIE TÜREN
ZUM GLÜCK ÖFFNEST.

DU IN DEINER WELT

WER BIST **DU IN DEINER WELT?**

WER BIST **DU IN DER WELT?**

WAS DENKST DU ÜBER DIESE WELT?

DAS WICHTIGSTE, WAS ICH DIR **JETZT VORWEG** BEWUSST MACHEN MÖCHTE IST, DASS DU IMMER DARAN DENKEN SOLLTEST:

ES IST

DEIN LEBEN

JA, ES IST DEIN LEBEN - UND DU KANNST

DEIN LEBEN AUCH GANZ **BEWUSST**
GESTALTEN UND JA, **SELBST BESTIMMEN.**
AUSSERDEM, WENN DU EINEN RAT ODER EINE
EMPFEHLUNG BEKOMMST, DANN PRÜFE GENAU,
OB DIES FÜR DICH STIMMIG IST ODER NICHT!

SCHLIESSLICH BIST **DU** EIN EIGENSTÄNDIGES,
SOUVERÄNES, VOLLKOMMENES UND
EINZIGARTIGES GEISTWESEN! JA, UND EBEN
AUCH SELBST VERANTWORTLICH:

➢ IN DEINER WELT ◁

JA, DURCH UNSER DENKEN UND HANDELN TRAGEN WIR

VERANTWORTUNG.

PRÜFE DIE EMPFEHLUNGEN DIE DU BEKOMMST
AUCH DIE, WELCHE ICH DIR GEBE IN DIESEM BUCH.
SIND SIE FÜR DICH STIMMIG - ODER NICHT?

☛ ES IST WICHTIG, DASS DU SELBSTÄNDIG DENKST. -

WEISST DU, ICH MÖCHTE, DASS DU DICH SELBST IN
DEINER WELT ALS EIN-E KÖNIG-IN WIEDER ERKENNST
UND, DASS EBEN **DU IN DEINER WELT**
D-EIN LEBEN SELBST LEBST UND JA, STÄNDIG SELBST
BESTIMMST, JA, BEWUSST ODER UNBEWUSST. - DU BIST
ES, DER DAS KÖNIGREICH IN DEINER WELT GESTALTET.

DU BIST IN DIESER VON DIR GESCHAFFEN WELT:
EIN **KÖNIG** ODER EINE **KÖNIGIN.**

OHNE UNTERTANEN! DAS IST DOCH EASY - ODER? ☺

Lebe Dein Leben so, wie Du es willst und erkenne,
dass es auch einen „gesunden" Egoismus gibt.

ICH NENNE DIESEN:

➤**EINZIGARTIGE - SOUVERÄNE - INDIVIDUALITÄT**◄

JA, DU BIST SOUVERÄNE LIEBE, ALSO ERKENNE JETZT,
DASS DU DICH SELBST AUS DEN VERWIRRUNGEN UND
VERSTRICKUNGEN HERAUS MANÖVRIEREN KANNST.

Wenn **DU** Dich als ein einzigartiges, souveränes,
göttliches und eigenständiges geistiges Wesen
wieder erkennst, dann **SCHAFFST** Du **ES** auch.

GLAUBE AN DICH SELBST UND JA, Du kannst
wirklich alles er-schaffen, was immer Du möchtest.

➤ **ICH GLAUBE AN DICH** ◄

HEY DU, WILLST DU FREI SEIN und **WIE**
ein Paradies Vogel durch die Gegend pfeifen?
Äm, was ist **EIN PARADIES VOGEL?**
Ein Paradies Vogel ist ein Vogel im Hirn.
Nur ist dieser Vogel ein ganz besonderer Vogel,
welcher auch durch die Goldenen Gitterstäbe hindurch
passt und somit auch die Freiheit der Wahl hat,
ob er heute drinnen bleibt, oder ob er
eine Entdeckungsreise macht! ☺

WAS IST FREIHEIT

Was wirkliche FREIHEIT ist werde ich Dir SEHR GERNE eingehender erklären. Dazu musst Du LERNEN IM BUCH DES LEBENS ZU LESEN und ja, so viel kann ich Dir vorweg schon einmal sagen:

FREIHEIT IST DIE WAHL ZU HABEN, JA, FREI ZU ENTSCHEIDEN, WAS ICH HEUTE TUN WERDE UM WIRKLICH FREI ZU **SEIN.**

BITTE, SEI DIR an dieser Stelle BEWUSST, dass, wenn Du Dein „nicht gesunden" Egoismus lebst:

ICH NENNE DIESEN:

➢**ABSOLUTER - UNSOUVERÄNER - EGOSCHITT**◅

DU, DAS GESETZT VON URSACHE UND WIRKUNG DABEI NICHT AUSTRICKSEN KANNST.

KENNST DU DIESES GESETZ VON URSACHE UND WIRKUNG?

WEISST DU, DASS ES SEHR VIELE UNSICHTBARE GEISTIGE GESETZTE GIBT?

WEISST DU, DASS ES QUANTENPHYSIKALISCHE NATURGESETZE SIND?

WEISST DU, WAS MAGNETISMUS IST?

MENSCHLICHE GESETZE KENNT JA JEDER, selbst ganz kleine Kinder. Ist Dir eigentlich schon einmal aufgefallen, wie viele Gesetze wir Menschen geschaffen haben?

WARUM HABEN **WIR** SOOO VIELE GESETZE?

SIND WIR UNFÄHIG, EIGENVERANTWORTLICH,
HARMONISCH, **LIBEVOLL UND RÜCKSICHTSVOLL
MITEINANDER** ZUSAMMEN **ZU LEBEN***?!*

BRAUCHEN WIR MENSCHEN WIRKLICH
SOOO VIELE GESETZE?

VIELE GESETZE SIND DOCH EHER UNNÖTIG
UND JA, EINIGE MÖCHTEN SOGAR
UNSERE SOUVERÄNE SEELE BEIM
FLIEGEN HINDERN. ☺

HEY DU, GLAUBST DU, DU SEIST ZU KLEIN UM
JETZT D-EINE WELT LIEBEVOLL ZU **VERÄNDERN***?!*

VIELE HINTERFRAGEN auch gar nichts und sind
möglicherweise auch zu beschränkt, zu beschäftigt,
zu abgelenkt oder haben vielleicht längst resigniert.
Einige trinken zu viel Alkohol **UND** andere haben ihre
Lebenslust total verloren. Das finde ich traurig. -
Viele **HABEN AUCH** überhaupt kein
INTERESSE und sagen einfach:

„ACH, LASS MICH MIT DIESEM SCHEISS!"

WIE IST DAS BEI DIR*?*

LIEBST DU ES, AUF DER WELT ZU SEIN?

BIST DU NICHT **GLÜCKLICH,** AM LEBEN **ZU** SEIN?

LEBEN WIR ALS SOUVERÄNE SEELEN?

WAS KÖNNTE SICH DENN VERBESSERN?

WIE KÖNNTEN WIR ANDERS HANDELN, DAMIT
WIR WENIGER SOLCHE GESETZE BENÖTIGEN?

DIES SIND DOCH INTERESSANTE FRAGEN
UND JETZT FRAGE ICH DICH:

FÜHLST DU DICH FREI?

HIER EIN PASSENDES ZITAT:

**DIE FREIHEIT DES MENSCHEN LIEGT NICHT
DARIN, DASS ER TUN KANN WAS ER WILL,
SONDERN DASS ER NICHT TUN MUSS,
WAS ER NICHT WILL.**
Jean - Jacques Rousseau

JA, DAS IST DOCH SO - ODER? WIR SIND DOCH
SOUVERÄNE NATURWESEN UND SOLLTEN DIE
SOUVERÄNITÄT WIRKLICH AUCH LEBEN. JA, UND
GANZ OHNE REGELUNGEN KANN ICH MIR EINE
GESELLSCHAFT AUCH NICHT VORSTELLEN.
MEINER MEINUNG NACH, WÜRDE ICH ES EBEN
SINNVOLL FINDEN, WENN MAN IN DEN SCHULEN
DIE GEISTIGEN GESETZE LEHREN WÜRDE. -

LIEBE-R LESER-IN, WAS WÜRDEST DU
ÄNDERN, WENN DU KÖNNTEST?

WAS DENKST DU?

AUSSERDEM: WIE VIELE GESETZE MISSACHTEST DU REGELMÄSSIG ODER STÄNDIG?

➢ AHA ◄

…Hmmm…An dieser Stelle könnte ich ein Buch schreiben doch DIESES BUCH würde ich nicht wirklich mit Freude schreiben und ja, es wäre schade um meine wunderbare Lebenszeit, also beende ich dieses Thema hier sofort. - Bitte finde die Antworten über die genannten Fragen einfach selbst heraus… ;)
Es IST schon GUT, wenn wir uns nicht alles gefallen lassen, aber wir sollten in unserer Mitte bleiben, manches einfach liebevoll anlächeln und unser innerer Frieden sowie unsere Souveränität liebevoll in die Materielle Welt hinein projizieren. -

🔑 🖤 ☺

✻✻✻✻✻✻✻✻✻✻✻✻✻✻✻✻✻✻✻✻✻✻✻✻✻✻✻✻✻✻✻✻✻✻✻✻✻✻

JETZT lade ich Dich doch viel lieber ein um Dir ein bisschen mehr von diesen Quantenphysikalischen Naturgesetzen zu erzählen. Ich sage Dir jetzt, dass es viel wichtiger ist diese Geistigen Gesetze zu kennen, denn DU wirst diese niemals austricksen können da sie STÄNDIG wirken, ob Dir dies BEWUSST ist oder nicht. Außerdem wurden diese „unsichtbaren" Gesetze absolut intelligent und äußerst weise vom Universum, der Natur oder eben von Gott eingerichtet.
SICHER HAST DU GESEHEN, WIE PRÄZISE DIE PLANETEN UM DIE SONNE KREISEN, DIE SAMEN IN DER ERDE KEIMEN UND DER REGENBOGEN AUS WUNDERSAMEM FARBIGEM LICHT BESTEHT.

ICH LESE SEHR GERNE IM BUCH DER NATUR

Hier ein passendes Zitat von Albert Einstein:

UNIVERSITÄTEN SIND SCHÖNE MISTHAUFEN, AUF DENEN GELEGENTLICH EINMAL EINE EDLE PFLANZE GEDEIHT.
Albert Einstein

☺u, sorry Studenten. Ich meinte ein anderes…
…ich war an keiner Uni…
…sollte auch nicht beleidigend aufgefasst werden,
falls Du zur Uni gehst oder auf einer gewesen bist.

Es gibt ja schließlich laut A. Einstein
gelegentlich ausnahmen.

BIST DU EINE AUSNAHME?

HEY DU, ICH MÖCHTE NUR DEINE STIMMUNG
BEIM LESEN AUFHEITERN! EASY - ODER? ☺

KOMM SCHON, **JETZT LACHE** WIEDER EINMAL.
☺

ICH BITTE DICH NOCH UM EINEN **MOMENT**
GEDULD **ICH BIN** NOCH AM SUCHEN.

VERGNÜGE DICH INZWISCHEN MIT DIESEM ZITAT:

**NICHTS IN DER WELT IST SO GEFÜRCHTET, WIE
DER EINFLUSS VON MÄNNERN, DIE GEISTIG
UNABHÄNGIG SIND.**
Albert Einstein

LIEBE FRAUEN, Herr 1A. Einstein war eben ein Mann.

ABER **HEY FRAUEN!**
HEUTE FÜRCHTEN SICH **VIELE MÄNNER** VOR EUCH,
UND SIE **HABEN** MANCHMAL **AUCH** EIN BISSCHEN
MÜHE DAMIT, WEIL IHR **SCHNELL GELERNT** HABT,
UNABHÄNGIG ZU SEIN.

TJA, VIELLEICHT SCHREIBE ICH MEHR
ÜBER DIESE **PRO**BLEMATIK.

DIESES ZITAT MÖCHTE ICH DIR AUCH NICHT VORENTHALTEN.

**DAS UNIVERSUM UND DIE MENSCHLICHE
DUMMHEIT SIND UNENDLICH, WOBEI ICH MIR BEIM
UNIVERSUM NICHT GANZ SICHER BIN.**
Albert Einstein

IST DAS LUSTIG ODER TRAURIG? WAR ER EIN VER-RÜCKTER?
WIR SIND DOCH AUS DER NATÜRLICHEN SOUVERÄNEN
INTELLIGENZ ENTSPRUNGEN UM DAS LEBEN MIT LIEBE
UND MIT FREUDE ZU ER-LEBEN. -

HEY DU ☺ JETZT HABE ICH ES GEFUNDEN:

**JEDES DENKEN WIRD DADURCH GEFÖRDERT, DASS ES IN
EINEM BESTIMMTEN AUGENBLICK SICH NICHT MEHR
MIT ERDACHTEM ABGEBEN DARF, SONDERN DURCH DIE
WIRKLICHKEIT HINDURCH MUSS.**
Albert Einstein

JA, UND WAS SAGST DU DAZU?
ALBERT HAT ES MIT VIELEN SEINER ZITATEN
AUF DEN INTELLIGENZ-PUNKT GEBRACHT.

IN WAHRHEIT IST DER **AUGENBLICK**
DIE **WIRKLICHKEIT**?

ODER NICHT?
...HMMM...

WAS WIRKLICHKEIT IST UND WAS NICHT,
IST **FÜR** VIELE **DIE LIEBE** ZUR PHILOSOPHIE.

JA, ICH LIEBE DIE PHILOFANTASIE ☺
WEIL SIE MICH STÄNDIG DAZU ANREGT ZU HINTERFRAGEN.

ICH HINTERFRAGE UND FRAGE MICH...

...DU AUCH?

ICH FRAGE MICH AN DIESER STELLE OB ES ÜBERHAUPT

SINN MACHT DIESES BUCH
ZU SCHREIBEN?

ICH FRAGE MICH, OB ES EINE ABSOLUTE UND
WIRKLICHE WAHRHEIT GIBT, **WAS DENKST DU**?

GIBT ES EINE ABSOLUTE WAHR-**KLAR-HEIT**?

IST ES FÜR DICH WICHTIG, DASS ES EINE WAHRHEIT GIBT?

ICH WEISS, was ICH WEISS, und dass ich manchmal auch
gar nichts weiß, ist auch kein Scheiss, weil ICH einiges WEISS.
Und trotzdem kenne ich auch den Fleiß der ist oft verbunden
mit dem Schweiß...aber, jetzt lassen wir das mit diesem:

ICH WEISS ES BESSER ALS **DU** QUATSCH!

Kommen wir stattdessen nun wieder zurück zu den
Geistigen Gesetzen. ICH WERDE Dir aufzeigen, dass es diese
Naturgesetze sind, welche DEINEM LEBEN in Deiner Welt
FARBE GEBEN. Dir Tränen der Trauer und der Freude
bringen. Es sind diese universellen Geistigen Gesetze,
welche Du unbedingt kennenlernen solltest,
denn sie wirken ständig:

➢ IN DEINER WELT ◅

Darum sage ich Dir **JETZT**, dass Du es hauptsächlich **MIT** Hingabe an das Leben durch wirklich liebevolle **EMPATHIE** Dir selbst **GEGENÜBER**, aber auch gerade gegenüber **DEINEN NÄCHSTEN**, es schaffen wirst:

DEIN LEBEN NEU UND SCHÖN ZU **GESTALTEN.**

DU WIRST schließlich durch das Wissen über diese Quantenphysikalischen Naturgesetze auch dazu IN DER LAGE SEIN und ja, es wird Dir MIT DIESEM WISSEN und dem damit verbundenen Bewusstsein sicher auf Märchenhafte Weise auch gelingen! Ja, und Du wirst Dein Leben bestimmt so verändern, dass Du WIRKLICH mehr und mehr LIEBEVOLL, EBEN MÄRCHENHAFT ZU LEBEN beginnst.

JAH ❤

⚬ MÄRCHENHAFT ⚬

WIE DIE NATÜRLICHEN GESETZMÄSSIGKEITEN AGIEREN, WIE EINIGE GESETZE VOM PRINZIP HER BESCHAFFEN SIND UND WIRCKEN, JA, WIE SIE DEIN LEBEN WIRKLICH STÄNDIG BEEINFLUSSEN, WERDE ICH DIR JETZT SEHR GERNE AUSFÜHRLICHER ERKLÄREN.

HEY, ICH MUSS MAL VORHER AN DIE FRISCHE LUFT! MACH JETZT DOCH AUCH DU EINE KURZE PAUSE. 🕊

WIE
VIEL ZEIT
BRAUCHST DU,
UM ZU SEIN?
DEINE ANTWORT
AUF DIESE FRAGE BESTIMMT,
WIE VIEL ZEIT DU BRAUCHST
UM ERLEUCHTUNG ZU LEBEN.

DU BIST, WO DEINE GEDANKEN SIND.
SIEH ZU, DASS DEINE GEDANKEN DA SIND,
WO DU SEIN MÖCHTEST.

DAS
GOLDENE ZEITALTER
UND SEIN BEWUSSTSEIN

DAS

GOLDENE ZEITALTER UND SEIN „NEUES" BEWUSSTSEIN BRINGEN EINEN WANDEL UND DIE KRISEN IN DEINER WELT BRINGEN EBENSO EINEN WANDEL IN DEINEM LEBEN **UND** DAMIT IN DEINEM BEWUSSTSEIN UND JA, NATÜRLICH DADURCH AUCH IN DIESER WELT.

SCHLIESSLICH BRINGT **DER WANDEL** EIN NEUES SICH **IM BEWUSST-SEIN.** ☉ ⚷ ♥

DEIN JETZIGES **BEWUSSTSEIN** MUSS SICH **ÄNDERN,**
DAMIT SICH **DEIN SEIN** IN DEINER WELT, JA,
DEIN LEBEN **SICH** FÜR DICH **INS POSITIVE, EBEN**
MÄRCHENHAFTE VERWANDELT. ☺

WARUM LIEST DU JETZT DIESES BUCH?

...HMMM...IST DIES EIN ZUFALL?

Du liest jetzt dieses Buch, und wenn Du einer der Leser bist, welcher wegen einer großen Krise Seelenschmerzliche Erfahrungen erlebt, so ist dies bestimmt ein Hinweis vom Leben, dass Du jetzt aufgefordert wirst Dein Bewusstsein, Dein Denken und Handeln zu ändern. Könnte ja sein? Was denkst Du? - Schwierige Lebensumstände bringen den Geist wirklich in Bewegung und dies ist eine Erklärung, weshalb wir beginnen, das Leben und unser Mensch sein zu hinterfragen. Ja, wir sind oft gerade deswegen erst bereit uns einem erweiterten Bewusstsein zu öffnen. - Schließlich beginnen wir dadurch authentisch zu werden, ja, wirklich uns selbst zu sein. - Uns selbst zu sein, heißt für mich: unsere Wesenskomplexität komplett authentisch zu leben, unser Schöpfergott BEWUSST-ER durch uns wirken zu lassen. Dies ist natürlich auch damit verbunden, dass wir aufmerksamer im beobachten und achtsamer werden, ja, und manches andere mehr. - Also, gerade dann, wenn wir sehr gefordert werden, werden wir auch gefördert und schließlich aufgefordert um-zu-denken und ja, eben die Sichtweise zu ändern.

VERÄNDERE D-EINE SICHT-WEISE

Ja, unsere Sicht auf diese wunderbare Welt muss sich jetzt ändern. - Außerdem ist es FÜR MICH recht offensichtlich, dass wir uns als Menschheit in einem Übergang in EIN NEUES BEWUSST-SEINS-ZEITALTER befinden. In der Astrologie wird auch vom Astrologischen Übergang vom Fische-Zeitalter ins jetzt kommende Wassermann-Zeitalter gesprochen. Viele reden da auch vom GOLDENEN-ZEITALTER.

Wie dem auch sei, es ist jetzt an vielen Stellen einiges im Wandel und ja, wie im KLEINEN so auch im GROSSEN. Wenn ich mein eigenes Leben betrachte, so stelle ich fest, dass sich da sehr vieles komplett verändert hat. -

WIE IST DAS BEI DIR?

DIE Notwendigkeit von VERÄNDERUNG für uns als Menschheit, sowie natürlich in unserem Leben IST wirklich auch essentiell. Ja, eher existentiell und entscheidend WICHTIG, ja, es ist auch unumgänglich. Überall um mich in meiner Welt, aber auch IN DER WELT stelle ich fest, wie sehr sich vieles neu formiert, sich neu ausrichtet und transformiert. Alte Systeme und Strukturen krachen zusammen oder lösen sich auf und neue entstehen oder sind gerade am entstehen. -

Ich denke, dass **DU IN DEINER WELT** jetzt auch mit großen Veränderungen konfrontiert wirst? Gegenwärtig erleben es jetzt enorm viele Menschen in ihrem Leben, dass sich das Leben in ihrer Welt in sehr kurzer Zeit extrem verändert und um-wandelt. Somit kommen natürlich auch immer mehr die ganz großen Gesellschaftlichen Umwälzungen hinzu, welche sich bestimmt noch mehr intensivieren werden. Es ist rund um den Globus wirklich einiges „los". -

Während ich DIESES BUCH schreibe kommen jetzt auch ganz bestimmte Gedanken in mein Bewusstsein und ich frage mich gerade ob es Sinn macht, mehr davon zu erzählen. - Das wichtigste für Dich in dieser jetzigen „Übergangszeit" WIRD sein, dass Du DICH nicht fürchtest, sondern jetzt lernst mit Deinen Ängsten, Deinem Denken und Handeln bewusst-er umzugehen. Schließlich beginnst, diese ohne zu bewerten einmal nur zu beobachten um sie dann INS POSITIVE zu WANDELN. Es gibt ja vielfältige Ängste, wie zum Beispiel: die Existenzangst, die Verlustangst, die Angst nicht geliebt zu werden, die Angst vor Vereinsamung, nicht genug zum Essen zu haben oder auch die Angst vor Krankheit und Tod um nur ein paar zu nennen. Auch, wenn es vieles gibt, das uns in der heutigen Zeit Angst machen kann, so ist es trotzdem absolut notwendig, dass diese Veränderungen stattfinden. Es ist wirklich nicht zu umgehen und ja, wir kommen da nicht Drumherum. Wir als Menschheit „müssen" da jetzt hindurch, weil uns sonst dieser wunderschöne Planet um die „Ohren fliegt", also wir uns selbst, ja, unsere Lebensgrundlage zerstören. -

WAS WIRD SICH DEN NUN ALLES WANDELN?

UND VOR ALLEM, WELCHE AUSWIRKUNGEN HAT DAS JETZT AUF DEINE WELT?

WAS DENKST DU?

Ich möchte Dich jetzt dazu anregen besser hinzusehen und Dir auch klar machen, dass auch Du Verantwortung darüber hast, in welche Richtung wir uns als Menschheit entwickeln. Schließlich gestaltest Du diese Welt ständig mit. - JA, MIT DEINEM **SO - SEIN.**

ICH MÖCHTE DIR AN DIESER STELLE BEWUSST MACHEN,
DASS ES DEIN SO - SEIN IST - UND JA, SICH DEIN
INNEN IM AUSSEN SPIEGELT. -

Jetzt ist die Zeit gekommen um endlich zu erkennen,
dass Du selbst ein Schöpfer bist. - Ja, als Beispiel, weil
Du ständig Entscheidungen fällst, Du Dich eben täglich
entscheidest, z. B. was Du einkaufst, was Du sonst so
konsumierst, wie Du auf andere reagierst und wie Du
mit ihnen im Alltag so umgehst.

DU UND ICH, ALSO, WIR SIND ES, WELCHE DIESE WELT
IN DER WIR LEBEN STÄNDIG NEU ERSCHAFFEN
UND MITGESTALTEN.

DOCH JA, JEDER MENSCH LEBT AUCH IN SEINER
EIGENEN VON SICH SELBST ERSCHAFFENEN WELT UND
DAS WERDE ICH DIR JETZT GERNE NÄHER ERKLÄREN.

Das, was Deiner gegenwärtig erlebten Realität entspricht, wurde auch durch DEIN SO - SEIN erschaffen.
JA, durch DEIN SO - SEIN, also so, wie DU BIST im da
SEIN. - Du erschaffst das, was Du so erlebst und auch
das, was Dir auf Deinem Lebensweg durch einen „Zufall" in Deiner Welt entgegen kommt oder Dir begegnet, hat eben auch irgendetwas mit Dir zu TUN. -

VERSTEHST DU, WAS ICH DIR HIER
VERSTÄNDLICH MACHEN MÖCHTE?

DU KANNST DEIN Leben im Außen nur verändern,
wenn Du beginnst, Dein INNERES LEBEN zu ÄNDERN.
Also, bei Dir beginnst und jetzt eben auch damit beginnst, neu zu denken um schließlich ganz neu zu Handeln.

Es beginnt damit, dass Du DICH selbst „NEU ERFIN-DEN" kannst und es zulässt, dass Dein Blickwinkel sich auf die vielleicht mühseligen Umstände oder Situationen nun eben wirklich ändert. - Also, wie kann sich Dein Blickwinkel ändern und wieso sollte das in Deiner erlebten Realität eine große Wirkung haben? Tja, lies einfach weiter, ich werde es Dir jetzt näher erklären.

➤ WAS IST **BEWUSSTSEIN** ◄

BEWUSSTSEIN IST UNIVERSALE UR-ESSENZ. VIELLEICHT IST ES DAS, WAS WIR GOTT NENNEN? BEWUSSTSEIN IST ALLGEGENWÄRTIG. DU BIST SELBST DIESE BEWUSSTSEINS ESSENZ, DIESE LEBENSENERGIE. ALSO,

ALLES IST BEWUSSTSEIN
DU BIST BEWUSSTSEIN

ES IST DIESE MYSTERIÖSE LEBENSENERGIE
und diese **BEWUSSTSEINS-ENERGIE** IST wirklich existent! Sie klopft sich durch DEIN und mein HERZ und sie pumpt den Lebenssaft durch unseren Körper. BEWUSSTSEIN ist alles, was IST und jemals SEIN wird. Ob Dir dies bewusst ist oder nicht, es IST DAS, was

➤ ICH BIN ◄

JETZT IN DIESEM AUGENBLICK AM LEBEN.

➢ WAS IST **BEWUSST - SEIN** ◄

BEWUSST - SEIN BEDEUTET, GANZ WACH UND
MIT VOLLER AUFMERKSAMKEIT IM JETZT
IN DER PRÄSENZ DER
GEGENWART ZU LEBEN.

DU LEBST IM AUGENENBLICK, SO, WIE EIN KIND UND
NICHTS UND NIEMAND, KEIN GEDANKE BRINGT
DICH VON DIESER GEGENWART WEG. -

DAS IST DANN BEWUSST IM
SEIN DES LEBENS ZU SEIN.

DABEI ZU **SEIN**, ZU ZELEBRIEREN,
DEN **MOMENT** DER GERADE **JETZT** IST,
GANZ **BEWUSST** ZU **ER-LEBEN**.

HEY DU, JETZT IST ES FÜR MICH
EIN BISSCHEN ANSTRÄNGEND DIES
ALLES FÜR DICH AUF-ZU-SCHREIBEN.

ICH BIN

JETZT

IN DER PAUSE

DU JETZT AUCH

LOS, AB IN DIE PAUSE…

GENISSE DAS JETZT ☺

DAS LEBEN IST STÄNDIG IM WANDEL UND VIELES UM NICHT ZU SAGEN ALLES WIRD SICH WANDELN, WEIL DAS LEBEN STÄNDIG IN BEWEGUNG IST UND SOMIT NUR STÄNDIGE VERÄNDERUNG KENNT. **SEI MIT LIEBE IM HERZEN** UND DANKBAR, DASS DU MITGESTALTEN DARFST. ;)

AL☺☺☺☺A

➢ ICH BIN JETZT - IM SEIN ◁

WARST DU **BEWUSST** IN DER GEGENWART,
IM JETZT, IM DA **SEIN** EINGETAUCHT?

WIE LANGE WARST DU IM JETZT?

HEY, DAS, WAS WAR, DAS WAR SO,
WIE ES WAR UND NICHT ANDERS.

DAS, WAS **SEIN** WIRD, **IST** DAS, WAS **JETZT**
IST UND DAS, WAS DU **JETZT** EBEN **TUST**,
IST **DAS ENTSCHEIDENDE.**
VEGANGENHEIT IST VERGANGEN
UND **EXISTIERT** NUR NOCH ALS **TRAUM.**
DER TRAUM DEINES **LEBENS**, DER
TRAUM DEINER **ZUKUNFT**,
BEGINNT **JETZT***!*

SO, FERTIG **JETZT** -

ICH BEGINNE JETZT AUFZUHÖREN VOM **JETZT** ZU
SCHREIBEN. - STATTDESSEN BEGINNE ICH JETZT DIR
DIE GEISTIGEN GESETZE DEUTLICHER
ZU ERKLÄREN.

ALSO GENAU ➤ **JETZT** ◄

WAS DU **JETZT** GLAUBST UND DENKST
IST DAS, WAS IM AUSSEN ENTSTEHT. - JA, ES
SIND DEINE DENK- UND GLAUBENSMUSTER
DIE **DEINEM LEBEN FARBE GEBEN**.
DENKEN IST AUCH GLAUBEN UND:

**WIR GLAUBEN ZU SEHR AN DIE MACHT DES
WISSENS UND WISSEN ZU WENIG VON DER:
MACHT DES GLAUBENS.**

JA, GENAU!

DAS, WAS DU GLAUBST IST DAS, WAS DU DENKST,
UND DAS, WAS DU DENKST IST AUCH DAS,
WAS DU GLAUBST. DENKEN UND GLAUBEN SIND
DASSELBE UND SCHÖPFERISCHE KRÄFTE. -

DENKST DU ÜBERWIEGEND POSITIV - AUCH VON DIR?

WAS DENKST DU ÜBER DICH SELBST?

WAS DENKST DU ÜBER DAS LEBEN?

WAS SIND JETZT DEINE GEDANKEN?

GEDANKEN SIND AUCH BILDER DIE VOR DEINEM GEISTIGEN AUGE, WIE AUF EINER LEINWAND AUFTAUCHEN. -

JA, UND VON WOHER KOMMEN GEDANKEN? TJA, DAS IST SCHON INTERESSANT, **JA, VON WO** KOMMEN SIE **HER?**

Viele denken, dass sie nur unter der Schädeldecke in diesem fleischigen Gummiding erzeugt werden und sie ausschließlich von da kommen und ja, auch darin eingeschlossen sind.

WAS DENKST DU?

ICH SAGE DIR, was ich darüber denke. Ach, **ICH LIEBE** ES ZU PHILOFANTASIEREN. An dieser Stelle passt noch ein Zitat von Albert Einstein und wir wissen, dass er sehr intelligent war, oder ist.

WICHTIGER ALS WISSEN IST FANTASIE, DENN WISSEN IST BEGRENZ.
Albert Einstein

☺ DANKE LIEBER ALBERT - mit diesem Zitat sehen wir wieder einmal mehr Deine geniale Fantasie. ☺

GEDANKEN KOMMEN UND GEHEN, ABER VON WO SIE KOMMEN SCHEINT EIN UNLÖSBARES RÄTZEL ZU SEIN. MAN WEISS ABER VON MENSCHEN, WELCHE EINE NAH-TOD-ERFAHRUNG ERLEBT HABEN, DASS SIE SICH AUCH AUSSERHALB IHRES KÖRPERS WAHRGENOMMEN HABEN. ALSO, DASS SIE „SICH" VON AUSSERHALB SEHEN KONNTEN - HEY DU, UND SOGAR DENKEN KONNTEN! NUR SCHON, DASS DIESE MENSCHEN BERICHTEN SIE HÄTTEN SICH AUF DEM BETT LIEGEN GESEHEN ZEIGT, DASS ES EIN LEBEN AUSSERHALB DES KÖRPERS GEBEN MUSS.

Dass, sie aber auch denken konnten und sogar versucht haben mit Personen zu kommunizieren erklärt, dass es möglich ist zu denken ohne im Körper sein zu müssen.

HAYA, SOMIT DENKE ICH SELBST, DASS DAS DENKEN, ALSO AUCH GEDANKEN, GEISTLICHER NATUR SIND.

GEISTLICH HEISST FÜR MICH FEINSTOFFLICH.
DER MENSCH IST MEHR ALS NUR FLEISCH UND KNOCHEN!
OB DAS GUMMIDING VIELLEICHT AUCH MITDENKEN KANN?

WIR SIND NICHT DER KÖRPER, SONDERN WIR HABEN EINEN KÖRPER. -

HEY, WIE FÜHLT ES SICH AN, SO ZU DENKEN?

➢ **FÜHLE DU JETZT IN DICH HINEIN** ◅

HEY DU, D-ein Handy hat ein ELEKTROGEHIRN und dieses kann EMPFANGEN UND AUSSENDEN.

WIESO SOLLTE D-EIN BIO-COMPUTER DAS NICHT AUCH KÖNNEN? WEIL ER BIO IST? ☺

DAS BUCH DES LEBENS hat oft keine Buchstaben, aber das Buch des Lebens zu **LESEN** ist trotzdem möglich.

DENKE JETZT EINMAL DARÜBER NACH!
WIR SIND GEISTIGE WESEN, WIR SIND GEIST VOM GEIST GOTTES NACH SEINEM BILD GESCHAFFEN. ABER, WIR BRAUCHEN UNS KEIN BILD VON GOTT ZU MACHEN, WEIL:

GOTT IST ➢ LEBEN
LEBEN IST ➢ GOTT

➢ OH MEIN G☺TT ◁

FRAGE: HAST DU SCHON EINMAL ETWAS GESEHEN, DAS NICHT GOTT IST?

WAS ODER WER IST DENN G☺TT

FÜR MICH **IST GOTT DIE ESSENZ** DES BEWUSSTSEINS SELBST. EBEN AUCH **DU, ICH ALSO WIR UND** ALLES ANDERE. **DIESE** EINE KRAFT, DIESE PARADOXE, **MÄRCHENHAFTE UND MYSTERIÖSE LEBENSENERGIE DIE STÄNDIG WIRKT UND ALLES ERSCHAFFEN HAT, WAS IST.?**

...HMMM...KANN MAN DAS SO SAGEN **- GOTT -** *?*

DAS BEWUSSTSEIN, DER KOSMOS, DIE NATUR, IST. - HEY, IST ES DAS, WAS WIR GOTT NENNEN? - ALSO, EBEN EINFACH REINES BEWUSST-SEIN, PRINZIPIEN UND MYSTERIÖSE LEBENSENERGIE. ICH DENKE UND FÜHLE:

➢ G☺TT IST DAS ICH BIN ◁

„ER" IST MÄNNLICH UND WEIBLICH UND „ES" IST BEWUSSTSEIN UND EBEN DAS LEBEN SELBST. GOTT SELBST MACHT DIE ERFAHRUNG ZU LEBEN. - ALSO BIST AUCH DU UND ICH, JA, WIR - GOTT. - ZUMINDEST SIND WIR EIN ASPEKT GOTTES.

WAU, DAS IST DOCH WAHRE
➢ PHILOFANTASIE ◁

CB ☺ ꝏ

ALSO, SOBALD **DU** ANGEFANGEN HAST DEIN BEWUSST-SEIN
ZU ÄNDERN VER-ÄNDERT SICH AUCH ALLES IM AUSSEN

IN DEINER WELT.

ICH HABE DAS SELBST SO ERLEBT. SEI DIR BEWUSST,
DASS JEDER WIRKUNGS-MACHT IN - SICH HAT.
HEY, DU HAST EINEN GEWISSEN EIN-WIRK-RADIUS INNERHALB
DESSEN, WO DU BIST. - JA, DURCH DAS, WAS DU SO TUST.

**ERKENNE DICH SELBST UND ERINNERE DICH,
DASS DU EIN SCHÖPFER-G☺TT BIST.
EIN MIT GESTALLTER DER EWIGKEIT,
JETZT, UND IN ALLE EWIGKEIT. JA, IN JEDEM
AUGENBLICK MIT DEINEM SO - SEIN.**

DU BEEINFLUSST ALLES WOMIT DU
IN BERÜHRUNG KOMMST,
OB BEWUSST ODER UNBEWUSST.

JA, DU BIST STÄNDIG AM WIRKEN.

DU UND ICH SIND WIR,
UND
WIR SIND ZUSAMMEN

➢ AM 🕊 LEBEN ◄

UFFF

BRAUCHST DU

EINE PAUSE?

ALSO, ICH SCHON...

ICH GEHE **JETZT DAS LEBEN** ZELEBRIEREN.
KOCHE MIR ETWAS FEINES DAS ICH SEHR GERNE MAG
UND KOMME NACHHER WIEDER UND DANN

PHILOFANTASIEREN

WIR ÜBER:

DIE REALITÄT ☺

OB ES RELATIV EINFACH WIRD DIR DIE REALITÄT
ZU ERKLÄHREN ODER RELATIV SCHWIERIG...HMMM...
ES IST FÜR MICH GANZ KLAR EINE SCHÖNE
HERAUSFORDERUNG DIR DIE REALITÄT RELATIV
EINFACH VERSTÄNDLICH ZU MACHEN.
DIES WAR DOCH JETZT **RELATIV** EINFACH
ZU VERSTEHEN. ODER? ☺
...HMMM...HABE ICH MICH JETZT RELATIV
VERSTÄNDLICH AUSGEDRÜCKT? ☺
ICH WEISS, ES IST EINFACH VIELES RELATIV.

IN DER PAUSE HABE ICH MIR **GEDACHT,**
DASS DIEJENIGEN, DIE DIESES BUCH LESEN M-ICH
NICHT ALS VERRÜCKT ABSTEMPELN WERDEN.

ODER?

ACH, LASSEN WIR DAS…ES WIRD IMMER MENSCHEN
GEBEN DIE VERRÜCKT GENUG SIND:

VER-RÜCKT ZU - SEIN - ☺

➢ REALITÄT - WAS IST DAS ◄

IST ALLES **REALITÄT** ODER IST ALLES NUR
EIN TRAUM VON EINER **Realität***?*

IST REALITÄT EIN AUSDRUCK VON D-EINEM
GEGENWARTS - BEWUSSTSEIN?

IST REALITÄT EINE ILLUSION?

IST ILLUSION REALITÄT?

SO, WIE DU DENKST, FÜHLST UND HANDELST IST DAS,
WIE DU DEINE WELT ERLEBST - UND JA, DU ERSCHAFFST
SCHLIESSLICH DEINE REALITÄT.

ES GIBT VIELE REALITÄTEN

UND

➢ DEINE REALITÄT ◄

ÄNDERE DEIN DENKEN,

DEIN GLAUBEN UND DU ERLEBST EINE ANDERE, NEUE REALITÄT.

ABER, DU LEBST IMMER IN DEINER EIGENEN REALITÄT. -

DAS IST **REAL** - ODER?

GENIAL?

REALITÄT IST DAS, WAS GESCHAFFEN WURDE, WIRKLICHKEIT IST DAS, WAS ERSCHAFFT!

DER URSPRUNG DEINER ERLEBTEN REALITÄT IST DEIN GEIST DER DIE REALITÄT - DENKT -

Was immer Du auch gerade denkst, gedacht, gesagt oder gewünscht hast, nichts geht verloren. Energie kann nicht verloren gehen. Wünsche finden den Weg in Deine Welt als ein Glückliches oder Pechliches Ereignis, einer bestimmten Situation oder einen dem entsprechenden Zufall, ja, bestimmt Liebesglück. ☺ …hmmm…und, was ist Schicksal…?

ALLE **DEINE** ÜBERZEUGUNGEN IN DEINEM GEGENWÄR-
TIGEN BEWUSSTSEIN ODER UNTERBEWUSSTSEIN, ALSO,
DEINE GLAUBENSSÄTZE UND DEINE UNBEWUSSTEN
DENKMUSTER SIND **SCHÖPFERISCHE KRÄFTE.**

DIESE KRÄFTE sind ständig am **WIRKEN** und setzen
Ursachen. **MIT** jedem **GEDANKEN** gibst Du der universellen und allgegenwärtigen **ENERGIE** eine ganz
bestimmte SCHWINGUNG und mit dieser ENERGIE
veränderst, ja, gestaltest Du ständig DEIN LEBEN. Du
beeinflusst dadurch natürlich auch DAS LEBEN der an-
dern durch DEIN SO-SEIN, ja, das Deinen Nächsten und
schließlich das Leben der ganzen WELT-GESELLSCHAFFT.

Glaubst Du, dass das Leben eine Schöpfung ist und
durch ein Bewusstsein erschaffen wurde oder glaubst
Du, dass alle diese intelligenten Naturgesetze rein will-
kürlich entstanden sind?

Die Quantenphysikalischen Naturgesetze oder Geistigen
Gesetze sind nicht wegzudiskutieren und wir können
erkennen, dass diese Gesetze nach bestimmten und
wirklich intelligenten, ja, vielleicht mysteriösen Gesetzmäßigkeiten ablaufen. Auch Du kannst dies erkennen.
ALSO, BEWUSSTE SCHÖPFUNG, WEIL INTELLIGENZ
VORHANDEN IST? ODER?...HMMM...

Es ist wirklich wichtig für Dich, wenn Du Dich jetzt ausführlicher mit den Geistigen Gesetzen befasst um
schließlich besser verstehen zu können, ja, wie Du nämlich dadurch auch ganz BEWUSST ERSCHAFFEN kannst.

SYNAPSEN ➢ ☺K?

WIR als Menschen HABEN wirklich DIESE IRRWITZIGE MÖGLICHKEIT ein bisschen hinter die Kulissen blicken zu können. Das können Tiere vermutlich nicht.

ODER, WAS DENKST DU?

EGAL!

ALSO, dann sollten wir dies auch einmal TUN. - Eben nicht nur rumjammern und immer anderen die Schuld geben für Umstände, welche für uns nicht gerade angenehm sind. WENN ES DIR NUN BEWUSST WIRD, DASS DU SELBST AUCH MITVERANTWORTLICH BIST FÜR DEINE SCHÖPFUNGEN - eben für das, was Du gerade so erlebst, dann DURCHBRICHST DU schließlich mehr und mehr auch DEN KREISLAUF DER mühseligen WIEDERHOLUNG. - Ja, beginne jetzt bewusst-er auf Deine Gedankenwelt zu achten! Ob wirklich alles selbst verursacht ist, weiß ich nicht, ist aber nicht so wichtig! Viel wichtiger ist, dass Du auf jeden Fall viele Wörtchen mitreden darfst! - JA, BEGINNE JETZT zu erkennen, dass so manches auch etwas mit Dir zu tun haben muss. Ja, weil Du MIT DEINEM SO-SEIN - z. B. in Resonanz gekommen bist, also mit bestimmten Situationen, Menschen oder Dingen. -

NOCHMALS:

REALITÄT IST DAS, WAS GESCHAFFEN WURDE, WIRKLICHKEIT IST DAS, WAS ERSCHAFFT!

IN WIRKLICHKEIT
EXISTIEREN SCHÖPFERISCHE
GESETZMÄSSIGKEITEN,
WELCHE WIRKLICH STÄNDIG
AM WIRKEN SIND.

SETZE BEWUSST URSACHEN

ACHTE AUF DEINE GEDANKEN

DENKE ÜBERWIEGEND POSITIV

WIE VIELE GEISTIGE GESETZE GIBT ES?

Ich werde Dir JETZT kurz eine Auflistung machen,
welche Herr Kurt Tepperwein in seinem Buch
„DIE GEISTIGEN GESETZTE" gemacht hat.
Er hat sich große Mühe gegeben und in diesem
Buch die meisten dieser Geistigen Gesetze
wirklich sehr ausführlich beschrieben.

AUFLISTUNG AUS DEM BUCH:

- Das Gesetz von **URSACHE / WIRKUNG**
- Das Gesetz der **LIEBE**
- Das Gesetz des **BEWUSSTSEINS**
- Das Gesetz der **HARMONIE**
- Das Gesetz der **EVOLUTION**
- Das Gesetz der **ENTSPRECHUNG**
- Das Gesetz der **ENERGIE**
- Das Gesetz der **SCHWINGUNG**
- Das Gesetz der **POLARITÄT**
- Das Gesetz des **RHYTHMUS**
- Das Gesetz der **REALITÄT**
- Das Gesetz der **FÜLLE**
- Das Gesetz des **WOHLSTANDS**
- Das Gesetz des **ERFOLGS**
- Das Gesetz des **LERNENS**
- Das Gesetz der **WANDLUNG**
- Das Gesetz der **FREIHEIT**
- Das Gesetz des **DENKENS**
- Das Gesetz der **IMAGINATION**
- Das Gesetz des **GLAUBENS**
- Das Gesetz des **DANKENS**
- Das Gesetz des **GLÜCKS**
- Das Gesetz des **SCHICKSALS**
- Das Gesetz der **WIEDERGEBURT**
- Das Gesetz der **GNADE**
- Das Gesetz des **SEGNENS**

Ich empfehle Dir dieses Buch zu lesen um tiefer in die einzelnen dieser Geistigen Gesetze ein zu gehen. Es ist eines meiner Lieblingsbücher.

An dieser Stelle kann ich Dir auch sagen, dass es eine GROSSE HANDVOLL BÜCHER waren, welche MEIN LEBEN wirklich sehr BEREICHERT haben und DIESES GEHÖRT ABSOLUT DAZU.

DA ICH WEISS, WIE WERTVOLL EIN GUTES BUCH ZUR RECHTEN ZEIT SEIN KANN, SEHE ICH EINEN SINN.

ICH SEHE DEN SINN DARIN ODER ICH ERKANNTE DEN SINN UND NICHT DEN LEICHTSINN ODER DEN UNSINN, SONDERN EINFACH **DER GUTE LIEBE LEBENS SINN** DESHALB SELBST:

⊙ EIN BUCH FÜR DICH ZU TIPPEN ⊙

ABER **ÜBER SINN** UND UNSINN ODER WAHNSINN, DARAUF WERDE ICH SPÄTER NOCH ETWAS

PHILOFANTASIEREN. ☺

SORRY, ABER ZUERST MACHE ICH **JETZT** **WIEDER** EINE KURZE **PAUSE. -**

DAS WETTER IST SOOO SCHÖN*!* ES REGNET.

Nein, heute scheint die Sonne, es ist **WUNDERBAR***!*

ABER HEY*!* Warum sollte es weniger **SCHÖN** sein,

WENN ES REGNET*?!*

Wir haben manchmal total vergessen, dass **JEDER TAG** genauso EINZIGARTIG **IST**, wie DU und ICH und außerdem ist jeder Tag, **EIN TAG DEINES LEBENS***!*

➤ Pause ◄

IN DER PAUSE KANNST DU
AM MEISTEN LERNEN.

JA, ODER?

DAS LEBEN KENNT KEINE PAUSE, ABER
PAUSEN SIND SOOO WICHTIG!

REALITÄT IST DAS, WAS GESCHAFFEN
WURDE, WIRKLICHKEIT
IST DAS, WAS ERSCHAFFT!

ALSO, WO SIND WIR JETZT?

...HMMM...

ACH SO, AHA ☺

JETZT ERINNERE ICH MICH WIEDER. ☺

WENN DU JETZT DAMIT BEGINNST DEINE DENKMUSTER ZU
ÄNDERN, DANN ÄNDERT SICH AUCH DEIN GANZES LEBEN.
ICH HABE DIES SELBST ERLEBT UND ERFAHREN.
SEI DIR VON NUN AN STETS BEWUSST, DASS DU,
SO, WIE DU VON DIR HEUTE DENKST, WIE DU ÜBER
DICH SELBST, DAS LEBEN UND ANDERE DENKST,
DIES EBEN VERURSACHENDE URSACHEN SIND. -
JA, ACHTE AUF DAS *WIE* UND DAS *WAS* DU DENKST UND
SOMIT AUCH AUF DAS *WIE* UND DAS *WAS* DU GLAUBST.
ES GESCHEHE DIR NACH DEINEM GLAUBEN.
KOMMT DIR DAS BEKANNT VOR? -
JA, DURCH DEINE EIGENE DENK-WEISE KANNST
DU DEIN GANZES DA-SEIN BEEINFLUSSEN,
UMGESTALLTEN UND EBEN NEU MITGESTALTEN.
DU BIST GEIST VOM GEIST GOTTES UND DU
HAST ALLES MITBEKOMMEN, WAS DU BRAUCHST
UM EIN ERFÜLLTES LEBEN ZU LEBEN.
ERKENNE DEINE GABEN, DEINE TALENTE, JA, UND
DEINE SCHWÄCHEN SIND EBEN DEINE STÄRKEN! ☺

ERKENNE DICH SELBST ☺

WER BIST DU?

BIST DU DEIN KÖRPER?

BIST DU „DU"?

SEI AUTHENTISCH, DANN BIST DU:

➢ **DU - SELBST** ◄

DENN SO BIST DU VON DER
SCHÖPFERNATUR AUCH GEMEINT.

HÖRE AUF ROLLEN ZU SPIELEN,
DIE **DU** <u>NICHT</u> BIST. -

SEI **AUTHENTISCH** IM

➢ **SEIN** ◄

DENKE STETS DARAN,
DASS **GEDANKEN ENERGIE** SIND.

JA, weil alles Schwingungsenergie ist
und Du **IN JEDEM AUGENBLICK** mit Deinen
Gedanken und Gefühlen Deine erlebte Realität,
also eben Deine WIRKLICHKEIT erfindest.
DEINE GEDANKEN WIRKEN mit einer
Bestimmten Energiefrequenz und je nachdem,
wie diese **GEDANKENENERGIE** beschaffen ist,
tritt das in Erscheinung, was ihr entspricht. -

ALLES OK MIT DEINEN SYNAPSEN? ☺

DAS IST DER UNIVERSALE BEWUSST-SEINS-SCHLÜSSEL - DER GEDANKENSCHLÜSSEL DER ERKENNTNIS UND **ZUM GLÜCK.** ABER AUCH **ZU DEINEM** ERFOLG UND ZU DEINEM **WOHL-STAND.**

DU TUST ES WIRKLICH DIR ZU LIEBE VON JETZT AN BESSER DARAUF ZU ACHTEN, WAS DU GERADE SO DENKST.

➢ **DENKEN IST IMAGINATION** ≼

ALSO, WENN DU DENKST, DANN DENKST DU IN BILDERN UND DIESE BILDER WERDEN LANGSAM DURCH „ZEITVERZÖGERUNG" ZU DEINER ERLEBTEN REALITÄT. JA, UND SCHLIESSLICH ZU DEINER WIRKLICHKEIT IN DER MATERIELLEN WELT. (SICHER - AUF DIE INTENSITÄT KOMMT ES DRAUF AN.)

DIE GEDANKENBILDER EXISTIEREN „AUF" DER GEISTIGEN EBENE BEREITS.

Materie ist verdichteter Geist und diese ist flexibel im Wandel. - Wenn Du DEINE GEDANKENWELT in Ordnung bringst und bei Dir alles zum Wohle steht, dann ERWEIST Du zudem allen Mitmenschen EINEN WUNDERBAREN UND LIEBEVOLLEN DIENST. -

ICH GLAUBE, ES WAR **JESUS** DER SAGTE:

➢ **ICH BIN** GEKOMMEN **UM ZU DIENEN** ≼

JA, WAHRE KÖNIGE DIENEN DEM LEBEN. DAS IST K-EIN GEHEIMNIS DES LEBENS.

WEISST DU NOCH? ☺ + ☺ NEBEN MICH...

DU BEGINNST ALSO BEI DIR UND LÄSST DIE ANDEREN
IN RUHE. VERSUCHE NICHT DIE ANDEREN ZU ÄNDERN,
ES BRINGT NICHTS - AUSSER ÄRGER - UND ÄRGER
MACHT - ALLES NOCH MEHR ÄRGER! -

Mahatma Gandhi sagte:

SEI DU SELBST DIE VERÄNDERUNG
DIE DU DIR WÜNSCHST FÜR DIESE WELT.

ERKENNST DU NUN, WAS GANDHI MIT DIESEM
ZITAT ZUM AUSDRUCK GEBRACHT HATTE?

WAS ER WIRKLICH GEMEINT HAT?

ALSO, BEGINNE **DU** IMMER BEI DIR **SELBST** UND
KÜMMERE DICH NICHT UM DAS, WAS ANDERE VON DIR
DENKEN, WEDER, WIE SIE SICH GEGENÜBER
DIR VERHALTEN.

ES LIEGT NUR DAS IN DEINER
VERANTWORTUNG:

WAS DU TUST

UND

WAS DU SAGST.

**NACH DEM GEISTIGEN GESETZ DER RESONANZ UND
DEM GESETZ VON URSACHE UND WIRKUNG**
geschieht das, was der ausgesandten Energie entspricht,
ja, um Deine Realität, also D-eine Wirklichkeit zu
erschaffen - und Strafe im Sinne von Strafe
gibt es dabei nicht.

➤ ES GIBT KEIN STRAFENDER G☺TT ◄

JA, vielmehr dienen uns die verschiedenen Umstände dazu uns selbst zu entdecken, uns kennenzulernen. Wir sind aus der Macht der Liebe geboren und sollten sie ganz bewusst liebevoll durch uns fließen lassen. Sei Dir bewusst, dass das, was Du so täglich sagst, sowie das, was Du ständig tust; kurz: ☺ DEIN SO - SEIN, Materialisation im Außen bewirkt. -

WAS SENDEST DU JETZT ALLES AUS?

ÜBERNIMM VERANTWORTUNG FÜR DEIN SO - SEIN.

Ja, und wenn Du JETZT damit beginnst alle zu Umarmen, so ist das ein sehr vorbildlicher Anfang! Aber, Du wirst deswegen nicht gleich am nächsten Tag von allen Seiten zurück umarmt. ☺

ES IST EINE ZEITVERZÖGERUNG AM WERK.

Du kannst alles im Bewusstsein auf-lösen und beginnen mehr zu lieben. **VERTRAUE DEM LEBEN**, das ist sooo wichtig. Wenn Du manches als eine Strafe empfindest, so ist das D-EINE ENTSCHEIDUNG, es so zu empfinden.

DAS LEBEN - G☺TT IST,

LIEBE ❤ WEISHEIT ⚷ BEWUSSTSEIN
EINE UNIVERSALE-LIEBESNATUR-INTELLIGENZ, FÜR DIE UNSER VERSTAND KEINE LOGIK HAT. FÜR MICH IST LEBEN NICHT LOGISCH. - **JETZT** WIEDERHOLE ICH MICH, WEIL ES WIRKLICH SO ENORM **WICHTIG** IST:

➢ VERTRAUE DEM LEBEN ◄

UND LEBE AUS DEINEM SCHÖNEN HERZEN.

HEY, DURCH DEIN absolutes und unerschütterliches
VERTRAUEN darauf, **DASS DAS LEBEN ES GUT MIT
DIR MEINT**, weil Du eben mit Liebe aus Deinem
Herzen Lebst, **GIBST DU DEIN LEBEN IN,
DIE BESTEN „HÄNDE" DIE ES GIBT:**

☙ G☺TT - DAS LEBEN ❧

SEI DIR STETS BEWUSST, DASS DU KEINEN „FEHLER"
BEGEHEN KANNST - DU TUST SICHER DAS „RICHTIGE."
DAS ERSCHEINT ZWAR ALS **EIN** PARADOX, DOCH
WENN DEM NICHT SO WÄRE, WÄRE DAS LEBEN KEIN
MÄRCHEN. ☺ **DAS LEBEN HAT** S-EINE **ORDNUNG**
IM SCHEINBAREN CHAOS **UND** ES IST DIE ESSENZ DES
LIEBES-BEWUSST-SEINS. ES KENNT KEINE ZEIT NOCH IST
ES BEGRENZT, **ES IST** EBEN VOLLER MÖGLICHKEITEN.
JA, WOMÖGLICH KANN ES UNS ZURECHTWEISEN,
DAS KANN SEIN. - HEY DU, DAS LEBEN IST
**BEWUSSTSEIN UND HEILIGE LIEBE
♥ ZU ALLEM WAS IST. ♥**

WIR HABEN WAHRSCHEINLICH EINE BEGRENZTE
VORSTELLUNG, WAS LIEBE IST, UND
WENN DAS LEBEN, LEBEN ERSCHAFFT,
DANN HAT ES AUCH S-EINEN SINN.
ALSO,
ICH BIN SICHER, DASS DAS LEBEN
LIEBESSINN UND NICHT UNSINN IST. ☺

ES TUT MIR GUT ES SO **ZU** SEHEN UND ICH GLAUBE:

୧ DAS **LEBEN** HAT EINEN SINN

ALLES **MACHT** SINN

ALLES HAT S-EINEN **SINN** ୨

Durch den Glauben an einen SINN kommt diese Mysteriöse Lebensenergie in Bewegung und ich erlebe sehr viel Wunderschönes dadurch. Auch, wenn ich Schwierigkeiten zu meistern habe, so ist es für mich leichter schwieriges zu ertragen vor allem dann, **WENN ICH DEM LEBEN AUCH NOCH EINEN SINN GEBE.**

AUSSERDEM: DAS LEBEN IST <u>KEIN</u> KAMPF*!*

- FÜR MICH NICHT -

DAS LEBEN IST EIN SPIEL und wir bestimmen selbst, wie dieses Spiel gespielt wird. Lange Zeit habe ich es nicht so gesehen, aber seit dem ich es so sehe habe ich weniger Kampf. ;)

DAS IST SCHON SELTSAM
UND JA, AUCH PARADOX ;)

DAS **LEBEN** FINDET UNS ZUR FREUDE STATT UND HEY, DU SOLLTEST STETS DARAUF VERTRAUEN, DASS DAS LEBEN ES GUT **MIT** UNS MEINT - JA, UNS MIT - BEWUSSTSEIN - STETS HILFT DIES ZU ERKENNEN UND SOMIT UNS AUCH MIT **LEBENSFREUDE** DIENT. -

JA, ES DIENT UNS MIT DEN GEISTIGEN GESETZEN. - AUCH WENN WIR SIE MIT AUFMERKSAMKEIT BE-ACHTEN. - ☺ HEY, NUTZE DIESE ERKENNTNISSE NUN FÜR DEINE BEFREIUNG DURCH BEWUSSTE SCHÖPFUNG UND SEI DU, DU **SELBST** UND DIR STETS **BEWUSST,** DASS DU ALLES HABEN KANNST, WAS DU WILLST. ES NUR DARUM GEHT, LIEBEVOLL UND BEWUSST ZU **LEBEN.** - AUSSERDEM HAST DU AUCH EINEN EIGEN-WILLEN MITBEKOMMEN.

ES GIBT AUCH DEIN WILLE
UND
DEIN WILLE GESCHEHE AUCH.

ALSO, UND JETZT MÖCHTE ICH DIR DAS GESETZ DER ANZIEHUNG NOCH EIN BISSCHEN NÄHER ERKLÄREN.

DAS GESETZ DER ANZIEHUNG UND
DAS LEBEN SAGT IMMER „NUR" - JA.

JA, DURCH DIE KRAFT DER GEDANKEN UND GEFÜHLE „BESTELLST" DU STÄNDIG UND DIESE MYSTERIÖSE LEBENSENERGIE HAT KEINE „WAHL."

DU HAST DIE WAHL,
ALSO WÄHLE WEISE.

DEM LEBEN IST ES „EGAL", WAS DU „BESTELLST." JA, ES DIENT DIR:

➢ BEDINGUNGSLOS ◄

HEY, DU BIST GEIST VOM GEIST GOTTES

STELLE DIR VOR, es ist, **WIE** wenn **Du** bei einem Versandhaus etwas **VOR-BESTELLST**. **DU DENKST** an etwas, machst Dir **EIN BILD** davon und dann bestellst Du. **GUTEN TAG!** ☺ Sagst Du am Telefon und gibst die Bestellung durch: ICH MÖCHTE gerne dieses Auto in violetter Farbe kaufen. Du bekommst dann nach einer Weile auch genau dieses Auto in dieser Farbe und kein anderes!

ALSO, DENKE IMMER DARAN, DASS DAS, WAS DU OFT „DENKST", JA, DIR VOR-BE-STELLST, AUCH DAS IST, WAS DU TATSÄCHLICH BEKOMMST UND NICHTS ANDERES. AUF DER GEISTIGEN EBENE IST ES DAS GESETZ DES MAGNETISMUS, ALSO DER ANZIEHUNG, DAS WIRKT. DU KOMMST IN RESONANZ - DU WIRST RESONANT, WEGEN DEN GEDANKEN UND SCHLIESSLICH WEGEN DEINEN GFÜHLEN - KURZ:

➢ WEGEN DEINEM: S☺ - SEIN ◁

JA, ES IST EIN ZAUBERHAFTER MAGNETISMUS DER IM UNSICHTBAREN WIRKT UND HEY, ACHTE ALSO DARAUF, WAS DU SO DENKST UND WÜNSCHST! SCHLIESSLICH BEKOMMST DU, JA, ERLEBST DU MIT DER „ZEIT" DAS, WAS DU SO STÄNDIG DENKST. - DEIN LEBEN SOLLTE EIN SCHÖNES MÄRCHEN SEIN.

JA, EIN SCHÖNES MÄRCHEN IN DEM DU DER KÖNIG ODER DIE KÖNIGIN BIST!

JA, DU BIST STETS MIT DER ENERGIE-QUELLE G☺TTES VERBUNDEN, WELCHE NICHT VERSIEGEN KANN, WEIL DIESE ZAUBERHAFTE UNIVERSELLE ENERGIE UNERSCHÖPFLICH IST, JA, PURE FÜLLE IST. ☺

➤ ACHTUNG! ZWEIFEL BESTELLT AB ◄

AN DIESER STELLE SAGE ICH DIR JETZT, DASS DER EINZIGE
FEHLER BEI DER VOR-BE-STELLUNG DARIN LIEGT,
DASS DU BEGINNST ZU ZWEIFELN! ALSO, BEVOR DAS GE-
WÜNSCHTE IM MATERIELLEN BEREICH SICHTBAR WIRD.
DAS IST DANN DIE BESTELLUNG ABBESTELLEN!
Genau gleich, wie wenn Du im Versandhaus anrufen
würdest und das bereits bestellte abbestellst! AHA☺

➤ NICHT UND KEIN ◄

NICHT UND KEIN
„HÖRT" DEIN UNTERBEWUSSTSEIN NICHT!

DIESES NICHT UND KEIN WIRD DIR DAS BRINGEN,
WAS DU DIR WÜNSCHST ODER GENAU DAS,
WAS DU DIR EBEN NICHT WÜNSCHST!

ERKENNE DIE MACHT
DEINES UNTERBEWUSSTSEINS!

DEIN UNTERBEWUSSTSEIN UND DEINE GEDANKEN SIND
ZUSAMMEN MIT DEINEN WORTEN UND GEFÜHLEN,
EINE SCHÖPFERISCHE KRAFT. SIE SENDEN STÄNDIG
ENERGIE AUS UM DAS ANZUZIEHEN, WAS DIESER
AUSGESANDTEN ENERGIE ENTSPRICHT. - KLAR?

BEISPIEL 1:

DENKE einmal **NICHT** an einen **APFEL**.

UND?
Konntest Du **NICHT** an einen **APFEL** denken?

BEISPIEL 2:

Ich möchte **KEIN** **BAUCH-WEH.**

UND?

Konntest Du an <u>KEIN BAUCH-WEH</u> denken?

HAST DU ES BEMERKT?

UND, WAS SAGT DIR DAS JETZT?

ES IST SO, DASS WENN DU BEIM SPRECHEN SAGST:

DAS..........MÖCHTE ICH NICHT.

DEIN UNTERBEWUSSTSEIN „HÖRT" UND ES AUFNIMMT ALS:

DAS..........MÖCHTE ICH.

DAS IST SEHR WICHTIG ZU VERSTEHEN UND ZU BEGREIFEN.

ES IST UND DAS IST:

SELBSTSUGGESTION
UND
SELBSTPROGRAMMIERUNG

ES IST SO, DASS DU LERNEN MUSST, NATÜRLICH DIR ZU LIEBE, JA, DASS DU VON JETZT AN DICH MEHR ACHTEST, WIE DU DENKST UND SPRICHST!

WÄHLE DIE WORTE DIE DU SAGST WEISE.

ALSO, **WENN DU ETWAS** NICHT HABEN **MÖCHTEST, DANN:**

SAGE DAS **WAS DU** HABEN **MÖCHTEST.**

BEISPIEL:

STATT ZU SAGEN:

ICH MÖCHTE NICHT **KRANK WERDEN**, SAGST DU:

ICH MÖCHTE GESUND BLEIBEN.

ICH BIN DANKBAR, DASS ICH **GESUND** BIN.

SPRICH IMMER ÜBER DAS, WAS DU MÖCHTEST.

AHA, ALSO NICHT **DAS, WAS ICH** <u>NICHT</u> **MÖCHTE.**

HEY DU, DAS IST GESUNDES SYNAPSENFUTTER. -

GEDANKEN ERZEUGEN EMOTIONEN UND ZUSAMMEN SIND ES KRAFTVOLLE SCHÖPFERISCHE KRÄFTE!

☺**MAGIE**☺ IN DEINEM ☺**LEBEN**☺

➢ WAS IST EIN **ZUFALL** ◄

IST ES EIN ZUFALL, ODER IST ES KEIN
ZUFALL, DASS DU DIESES BUCH HIER LIEST?!

IST DIR dieses Buch auf Deinem Lebensweg BEWUSST
oder per Zufall AUFGEFALLEN oder hast Du
es durch einen Zufall geschenkt bekommen?

IST ES ZUFALL, DASS DU DIESES BUCH JETZT
ZUR RECHTEN ZEIT BEKOMMEN HAST?

IST ES EIN ZUFALL, DASS DIR IN LETZTER ZEIT
MERKWÜRDIGE ZUFÄLLE PASSIEREN?

Ist alles nur ein Zufall oder ist Dir dieses Buch wirklich
sofort aufgefallen, so, dass es Dir AUF-ZU-GEFALLEN ist?
ICH KANN DIR AN DIESER STELLE **SAGEN, DASS ES
KEIN ZUFALL IST**, DASS SICH JETZT DIESES BUCH IN
DEINEN HÄNDEN BEFINDET ODER AUF DEINEM
COMPUTER BILDSCHIRM AUF-LEUCHTET. ☺

ZUFÄLLE GIBT ES NICHT WIRKLICH

☺ JA, SOWAS ABER AUCH ☺

EIN ZUFALL HAT ES EIGENTLICH NOCH NIE
GEGEBEN. EIN ZUFALL IST MEISTENS AUS DEINEN
UNBEWUSSTEN GEDANKEN ENTSTANDEN. JA, DU
HAST DURCH DEIN AUSGESTRAHLTES SO - SEIN
DEN ZUFALL EBEN MÖGLICH GEMACHT.
VIELLEICHT IST ES AUCH AB UND ZU
DAS SCHICKSAL. - WER WEISS. -

➤ GIBT ES EIN **SCHICKSAL** ◄

ES IST ALLES MÖGLICH, WAS DU DENKST / GLAUBST.

JA, IN DER VIELFALLT
VON MÖGLICHKEITEN
IST ALLES MÖGLICH, SOMIT AUCH
SCHICKSALSGLÜCK. HEY,
ES GIBT DIESE NATURGESETZE,
DIE WIR KENNEN UND BEWUSST
BEACHTEN SOLLTEN, JA, DAMIT
WIR DAS GLÜCK EBEN GANZ
BEWUSST SELBST ERSCHAFFEN
UND DANN ERLEBEN KÖNNEN. ;)

SCHLIESSLICH SIND WIR SOUVERÄNE WESEN. ;)

DIESES BUCH IST JETZT EIN
TEIL DEINER ERLEBTEN REALITÄT
GEWORDEN. - VIELLEICHT IST ES FÜR DICH
SCHICKSALSGLÜCK. - ES IST EBEN WIE IN EINEM:
🔥 🕯 MÄRCHEN 🕯 🔥
ODER?
☺

GÖNNEN WIR UNS JETZT WIEDER EINE PAUSE UND ZELEBRIEREN UND GENIESSEN DAS LEBEN IM DA SEIN.

IM NÄCHSTEN KAPITEL ERZÄHLE ICH DIR:

DAS MÄRCHEN,

WIE EINE RAUPE ZUM SCHMETTERLING WURDE. ;)

➤ PAUSE ❮

☺ ☺ ☺ ☺

Von der Raupe

Zum

Schmetterling

WENN WIR VON WANDEL
UND VERWANDLUNG SPRECHEN,
DANN KOMMT MIR DAS SINN - BILD
DES SCHMETTERLINGS IN DEN SINN.
EIN WUNDERVOLLES UND
ZARTES GESCHÖPF,
JA DAS IST:

DER

SCHMETTERLING.

ALLEIN DURCH DAS BEOBACHTEN, WIE DER SCHMETTERLING DURCH DIE LÜFTE SEGELT, ERFÜLLT ES MICH MIT FREUDE. JA, ES IST EIN WUNDERSCHÖNES GEFÜHL DER BESINNUNG IN MEINEM HERZEN. -

Wir tendieren dazu zu vergessen, durch was der Schmetterling ursprünglich hindurch gehen musste, wie er sich voll abmühen musste um schließlich seinen freien und eigenen Platz in den Luftigen Höhen zu erreichen. Unser Weg der Transformation kann mit Diesem SINN - BILD des Schmetterlings verglichen werden. Wenn wir nun von VERWANDLUNG sprechen, dann denken wir normalerweise auch an dieses Ergebnis. Oder? Wir denken eigentlich viel weniger daran, welche Arbeit damit verbunden war oder welche Opfer erbracht werden mussten um schließlich empor schweben zu können. JA, ICH WEISS DAS, WEIL AUCH ICH DURCH EINEN VER-WANDLUNGSPROZESS HINDURCH DURFTE. ☺

ICH DACHTE WUNDERBAR!

Jetzt werden die Umstände endlich freudiger. JA, so dachte ich wirklich. Das war am Anfang des Prozesses auch der Fall, aber im weiteren Verlauf des Prozesses musste ich: GLAUBENSSÄTZE, GEWOHNHEITSDENK-MUSTER UND DAMIT VERHALTESMUSTER LOSLASSEN, DIE IN MEINEM LEBEN EBEN AUF UNBEWUSSTE WEISE NEGATIV EINWIRKTEN. Der eigentliche Wan-del, die Transformation beginnt damit, dass das Univer-sum uns innerlich in eine NEUE Richtung „drängt". In etwas hinein das für uns dann eine wirkliche freie Le-bendigkeit bringen wird. Es kann sein, dass wir nicht klar wissen, was wir eigentlich genau wollen. Doch wir spüren einfach nur den Impuls zu etwas Weiterem und eben Edlerem.

Ursprünglich war der Schmetterling eine Raupe, sich langsam vorwärts kriechend, die Stängel der verschiedenen Blumen und Pflanzen hinauf um schließlich seine Mahlzeit zu erreichen. Ihr Hauptantrieb war nur zu fressen und den Magen voll zu stopfen.

ALSO EHER PARASITÄR - ODER?

Dasselbe kann von uns gesagt werden. Bevor wir einen Transformationsprozess beginnen, haben wir eine Art Zwang uns durch sehr viele Infos „durchzufressen" und alles auszukosten. Bücher zu lesen, Aufnahmen anzuhören, Vorträge zu besuchen, Videos anzuschauen, und eben immer mehr und mehr Informationen zu „fressen" um sie dann später endlich zu verdauen. Wir sind noch in der alten Gestalt und mästen unseren Geist um danach bald einen GEISTIGEN-SEELEN-KOKON zu bilden.

Nach diesem Prozess werden wir alles WISSEN verwenden, das wir zuvor aufgenommen haben. Damit können wir schließlich unser Leben so transformieren, dass wir eine bessere Widerspiegelung des universellen Gemeinwohls sein werden.

Wenn nun unser INFO-APPETIT gestillt wurde, dann fühlen wir uns schließlich dazu gedrängt DAS angeeignete WISSEN nicht nur zuzulassen sondern wir beginnen auch damit, es zu LEBEN! Und dies bringt dann die gewünschte große Verwandlung, ja, die Wendung.

Dieser Prozess ist der gleiche, wie der bei der Raupe im Inneren des Kokons. Es ist die Inkubationszeit. Es kann einige Tage oder einige Monate, vielleicht Jahre dauern und währenddessen verändert sich unser SO-SEIN stark.

Es kann sein, dass wir selbst die Veränderungen selber nicht stark bemerken oder feststellen. Aber es wird Anteile von uns geben, welche wir schließlich dann auch immer bewusster loslassen werden und eben diese neuen Verhaltensweisen an den Tag legen. Es ist klar, dass dies unser Umfeld dann auch wunderlich bemerkt. ☺

In diesem Stadium der Wandlung, kann das Leben für uns manchmal sehr unbequem werden. Während meiner Transformation hatte ich eine enge Beziehung zu meiner Frau und meinen Kindern, welche zunehmend schwieriger wurde. Bis ich schließlich verlassen wurde. - Dies war das traurigste Erlebnis meines bescheidenen Lebens. Ja, es gab einen sehr tiefen Stich, voll in mein Seelenherz hinein. - Sicher, ich war mitverantwortlich und mache auch wirklich keine Schuldzuweisungen. -

Als dann die Verwandlung vollzogen war, schlüpfte ich, wie der Schmetterling aus seinem Kokon ganz neu ins Leben. Genauso wie er, musste ich dann den Weg aus der alten Form heraus „kämpfen". Durch diese alte Hülle hindurch. Das alte vergangene Leben wirklich hinter mir lassen und voller Vertrauen, mich in eine neue Welt hinein Leben um darin vieles ganz NEU zu entdecken.

JETZT WECHSLE ICH ZUM DU ☺

JETZT musst Du Dich sehr BEMÜHEN, Ja, Deine alten Dir selbst auferlegten Barrieren, Hindernisse, Denkmuster und Gewohnheiten endlich ZU ÜBERWINDEN.

GANZ WICHTIG IST, ENDLICH DEINE VERGANGENHEIT LOSZULASSEN UND DEINE BEGRENZENDEN GLAUBENSSÄTZE UMZUWANDELN!

Verhaltensweisen die Dir als „Raupe" noch nützlich waren, sind nun nicht mehr hilfreich. Du kannst Dein Leben dann nicht mehr so weiter führen, wie Du es vorher gewohnt warst. Du transformierst eben Deine alten Muster in leuchtende Regenbogenfarben. Aber, weil Du Dich so sehr ans alte Denksystem gewöhnt hast und Dir dies in Deiner alten Form noch gedient hat, tust Du schon schwer damit, sie einfach locker abzulegen. -

ICH konnte nicht mehr länger eine „Rolle spielen", die ich nicht mehr war, weil ICH ihr entwachsen war! Die Beziehungen zu nahestehenden Menschen hatten sich dadurch stark verändert. Dies war eine sehr schmerzvolle Erfahrung. Tja, Mein ganzes Leben hatte sich deswegen eben noch mehr verändert. -

HEY DU, wenn Du aus Deinem „Kokon" heraus trittst, dann solltest Du Dir wirklich Zeit nehmen um Dich an die neuen Umstände erst einmal zu gewöhnen. Die Dinge und Bedingungen sowie Deine Einstellung zum Leben haben sich eben verändert. Du musst jetzt einfach lernen mit Deinem neuen so - sein umzugehen. Durch DEIN NEUES SEIN handelst Du eben vollkommen in einer neuen Weise. Die Dinge, die Du sagst ÜBERRASCHT manchmal DEINE NÄCHSTEN und sie empfinden Dich deswegen oft sehr widersprüchlich. Ja, Du wirst zunehmend widersprüchlich für andere, denn es kommt ihnen so überhaupt nicht vertraut vor! TJA...

ES SCHEINT FÜR SIE MANCHMAL, ALS OB DU EINE PSYCHISCHE STÖRUNG HÄTTEST. - Auch reagieren die Leute Dir gegenüber nicht mehr so, wie Du es vorher gewohnt warst...Naja, so ist das L-eben... ☺

Wegen Deinem neuen Verhalten verabschieden sich leider Lieb-Freund-schafften, welche sich Deinen Veränderungen nicht anpassen konnten. Es ist klar, dass dies sehr traurig ist und auch einen Seelenschmerz auslöst. Es kann Dir auch als undankbar erscheinen und ja, Respekt verlieren sie leider oft auch. Zumindest für eine Weile. Tja, sie missinterpretierten Dich eben. -

Aber HEY, bleib Dir selbst treu und mache Dir keine Sorgen. ES KOMMT ALLES GUT UND AUSSERDEM, SEI SELBST EIN FREUND. - Also, Du kommst einem dieser Schmetterlinge gleich aus dem „Kokon" und DU FÜHLST DICH DANN WIRKLICH BEFREIT. Du spürst, WAU, wie eine ganz neue Energie durch Dich hindurch fliest und ja, Du beginnst Dich wirklich zauberhaft zu entfalten. JETZT musst Du nur noch DARAUF VER-TRAUEN, dass Deine Flügel Dich tragen werden und Du voller Leichtigkeit durch Deine „neue Welt fliegst!" AHA☺ - Es gibt da eine Theorie, die besagt, wenn Du in die Zeitlinie eines Schmetterlings eintrittst, dann änderst Du alle möglichen von zukünftigen Zeitlinien. Im 21. Jahrhundert erlebt das menschliche Bewusstsein eine Metamorphose. Von dem „Raupenbewusstsein" zu einem anmutenden „Schmetterlingsbewusstsein." Du kannst dann frei im Mandala-Rad der Zeit „fliegen", wie ein Schmetterling eben. Der Schmetterlingseffekt signalisiert schließlich das Auftauchen vom neuen „Goldenen Bewusstsein, ja, es ist die Alchemie dieser Zeit." -

DER SCHMETTERLING WIRD UNTER DEN AMERIKA-NISCHEN INDIANERN GERADE DESHALB STARK BE-WUNDERT UND GEEHRT. ALS EIN ÜBERBRINGER VON LEBEN, LIEBE, FREUDE UND ECHTER FREIHEIT. Kulturen auf der ganzen Welt verehren seine zarte und farbenfrohe Schönheit. Die meisten Schmetterlinge haben nur ein kurzes Leben, ein paar wenige Wochen, mit

Ausnahme des Angle Wings und des MONARCHS - AHA ☺ welche etwa sechs Monate lang leben. Ich rechne das jetzt nicht hoch. ;) - Jeder erlebt aber die Stufen der Entwicklung vom Ei zur Raupe und von der Raupe in einen Kokon bis zum eigentlichen erwachen als Schmetterling. Die kurze Lebensspanne und die Schönheit des Schmetterlings sind symbolisch für spirituelles Wachstum. Während oft schwierigen und prägenden Jahren, werden Lebenslektionen erteilt und kommen ans LICHT, wenn der „Schmetterlingsgeist" zu fliegen beginnt. AHA ☺ Ja, sie enthalten dieses Geschenk der Transformation und somit der Evolution der Seele IN-SICH. Der Schmetterling erinnert uns an die wahre Freiheit und die geheimnisvolle verbogene Kreativität. Schmetterlinge haben zwei große, ovale Augen, die zusammengesetzt sind aus tausenden, einzelnen Linsen. Sie können sehr klar einzelne Bilder sehen und auch ultraviolettes Licht wahrnehmen. DIES WEIST AUCH AUF HELLSICHTIGE FÄHIGKEITEN HIN.

FÜR JENE, DIE DEN SCHMETTERLING AUS INDIANISCHER SICHT ZUSÄTZLICH ALS TOTEM HABEN SIND SICHER HOCHSENSIBLE UND SENSITIVE MENSCHEN.

Die Fühler des Schmetterlings sind, wie kleine Antennen und dienen zu seiner Orientierung. Deshalb ist es so wichtig für Dich, Dich konstant darin zu üben, mit Deiner Intuition verbunden zu bleiben und ihr wirklich zu Vertrauen.

JA, SO SPRICHT DAS BUCH DES LEBENS, DIE SPRACHE DER SCHÖPFUNG MIT UNS! IN SINN-BILDERN!

Der Schmetterling repräsentiert unser Transformationsprozess, sowie den damit verbundenen UMGANGS-
FORMEN-WANDEL. Wenn Du nun das nächste Mal
einem Schmetterling begegnest, dann ACHTE auf diese
Bildersprache der Natur. Du wirst in jenem Moment
mit dieser UND Deiner eigenen Verwandlung konfrontiert werden. FREUE DICH IN DIESEM AUGENBLICK. -

IN WELCHEM STADIUM DER VERÄNDERUNG
STEHST DU GERADE DIESBEZÜGLICH?

WAS DENKST DU?

STECKST DU IM KOKON ODER BIST DU
GERADE DABEI IHN ZU VERLASSEN?

Bitte, denke wieder daran, dass Du das Leben nicht so
schwer nehmen solltest! - Außerdem ernähren sie sich
von Blumen bei deren Bestäubung sie behilflich, eben
dienlich sind, und ganz wichtig! SIE BESTIMMEN
SELBST, WO SIE SICH NIEDER LASSEN. -

ALSO:

**WENN DU VOM SCHICKSAL EINEN SCHLAG
BEKOMMST, UND DU WIE EIN GOLFBALL
DURCH DIE LUFT FLIEGST, DANN ÖFFNE
DEINE FLÜGEL UND BESTIMME SELBST,
WO DU LANDEN MÖCHTEST. ☺**

DIE SCHMETTERLINGE REPRÄSENTIEREN DAS
ELEMENT LUFT. STÄNDIG VERÄNDERND UND MIT
LEICHTIGKEIT BEWEGEND. JA, GANZ LEICHT UND
AUF WIRKLICH WUNDERSAME WEISE.

SIE SIND BOTSCHAFTER DES AUGENBLICKS

JA, ERINNERE DICH IMMER DARAN, DASS **DAS LEBEN** IMMER NUR IM AUGENBLICK, **IM JETZT** STATTFINDET!

ALLES VERGANGENE IST EINFACH NUR VERGAGEN! HEY DU, EGAL WIE SCHÖN ES WAR ODER NICHT, ES IST VERGANGEN!

VERGANGENHEIT BLEIBT VERGANGENHEIT!

ICH WIEDERHOLE MICH HIER EXTRA! ALSO, LASSE ALLES LOS, WAS VERGANGEN IST UND LEBE GANZ:

➢ BEWUSST IM JETZT ◄

⌐ DIES IST DER TAO - SCHLÜSSEL DES LEBENS. -

BEFREIE DICH AUCH VON ALLEN ÄNGSTEN

WOVOR SOLLTEST DU DICH SCHON FÜRCHTEN?

ES IST LEICHT GESAGT, ABER ICH GEBE DIR JA EIN PAAR GUTE TIPPS, WIE DU MIT ÄNGSTEN BESSER UMGEHEN KANNST. ES IST WICHTIG ZU WISSEN, DASS DU IM KÖRPER LEBST UND DAS, WAS DU WIRKLICH BIST, FEINSTOFFLICHER NATUR IST. WIR SIND GEISTIGE WESEN, GEIST VOM GEIST GOTTES UND WIR MACHEN DIE ERFAHRUNG EINEN PHYSISCHEN KÖRPER ZU HABEN. HEY DU, WENN DU ETWAS VERLIERST ODER VERLOREN HAST, DANN KOMMT ETWAS NEUES. WICHTIG IST IMMER WIEDER EINFACH NUR DEM LEBEN ZU VERTRAUEN!

Lasse Dich intuitiv in ein Neues Leben führen und vertraue stets darauf, dass alles gut ist, so wie es ist. In den Momenten, wo Du am verzweifeln bist, weil Du einen riesen Angstdruck in Deiner Brust spürst, ist es wichtig:

DICH AN DAS WESENTLICHE ZU BESINNEN

 DU LEBST ☺

Lasse es Dir in diesem Moment besonders gut gehen! Nimm ein Bad im Kerzenlicht und esse genussvoll Deine Lieblings Schokolade. Koche Dir Dein Lieblings Menü und mache anschließend einen Spaziergang in der Natur, im Wald oder an einem See. - Genieße die Stille!

AUCH MEDITATION UND RUHIGE MUSIK KANN DIR HELFEN DICH ZU BERUHIGEN. - EINZIGARTIGKEIT IST DER AUSDRUCK VON ALLEM WAS IST UND ALLES HAT S-EINEN SINN. DU KANNST WIRKLICH ALLES ER-SCHAFFEN, WENN DU WILLST UND DICH SELBST LIEBST.

JA, WAS ES AUCH BRAUCHT IST D-EIN WILLE, SOWIE EBEN DAS HINGEBUNGSVOLLE VERTRAUEN UND DAS ZULASSEN DEINER JETZT ANSTEHENDEN VERWANDLUNG. - BILDLICH GESPROCHEN MUSST DU AUS DER „PARASITÄREN FORM" HERAUS TRETEN, WIE EINE RAUPE DAS AUCH TUT. TRANSFORMIERE DICH IM VERTRAUEN ZU EINEM SICH FREI FÜHLENDEN DIENER. - EBEN SO, WIE EIN SCHMETTERLING. ☺

JA, SO WIE EINE RAUPE EHER „PARASITÄR" WAR, BEVOR SIE ZUM SCHMETTERLING WURDE, SO KANNST DU DICH:

⚷ ❤ JETZT NEU ERFINDEN ☺

Also, die Raupe frisst und frisst bis sie fast platzt und einige Pflanzen arg in Mitleidenschaft gezogen wurden. Erst wenn sie nichts mehr in sich hineinstopfen kann, verwandelt sie sich zum Schmetterling. Das heißt, dass sie erst hat fressen müssen um später in der Form als Raupe zu sterben. Erst dann kann sie zum Schmetterling geboren werden. - Im neuen Leben mit der neuen Form besucht er dann die Blüten seiner Umgebung und bestäubt diese und somit **DIENT** er schließlich der Natur, der Schöpfung. HEY DU, jetzt bist Du vielleicht durch Deine Umstände auch dazu aufgefordert, Dich mit Hingabe zu verwandeln, so, wie eine Raupe die zum Schmetterling wird! Vielleicht bist Du aber schon verwandelt, dann ist das ja genial und ich wünsche Dir viele schöne Flugstunden in Deinem „neuen" Reich. ☺ Der Schmetterling ist ein kraftvolles Symbol der Transformation, eben dieser Verwandlung. Ein Symbol für den Bewusstseins- und Transformationsprozess den Du, ja, wir alle ihn „jetzt" durchlaufen und somit eben auch der Planet Erde. Der Schmetterling symbolisiert ein klares Zeichen, wenn er Dir begegnet! Ja, und an dieser Stelle mache ich Dich jetzt darauf aufmerksam, dass Dir das Leben immer wieder Zeichen schickt. Ja, es ist so! Interpretiere sie dankbar und liebevoll im Vertrauen, dass das Leben Dir behilflich, eben dienlich ist. ☺

ACHTE AUF ZEICHEN

ACHTE ALSO IMMER AUF DIE ZEICHEN VON MUTTER NATUR. ES GIBT EINEN GUTEN GRUND WARUM DU SIE WAHRNIMMST. JA, WESHALB SIE IN DEINEM BEWUSSTSEIN AUFTAUCHEN.

HEY DU:

☺ ZUFÄLLE GIBT ES NICHT, ZEICHEN SCHON. ☺

ALSO, ACHTE AUF DAS, WAS IN DEIN BEWUSSTSEIN KOMMT, JA, AUF DAS, WAS DU IRGENDWO LIEST ODER HÖRST UND VERSUCHE ES DANN RICHTIG ZU DEUTEN. ES WIRD DICH VIELLEICHT MANCHMAL AUCH EIN BISSCHEN ERSCHRECKEN. DOCH MEISTENS WIRD ES DICH EINFACH NUR VERBLÜFFEN, JA, ERFREUEN. ☺ MANCHE ZEICHEN KÖNNEN SCHON EIN BISSCHEN ÄNGSTIGEN. DOCH DIE MEISSTEN WERDEN DICH WIRKLICH SEHR ERFREUEN UND DICH DANN STARK BEGLÜCKEN. -

BEDENKE, DASS ANGST NUR EIN HINDERNIS IST, DAS ÜBERWUNDEN WERDEN MUSS, MIT:

ෆ VERTRAUEN ෨

JA, DAS VERTRAUEN IST EINE INNERE GEWISSHEIT, DASS ALLES GUT IST ODER KOMMT! JA, ES IST SOOO WICHTIG STETS INS:

URVERTRAUEN INS G☺TT VERTRAUEN ZU „GEHEN".

ES IST IN MANCHEN SITUATIONEN VIELLEICHT ENTSCHEIDEND WICHTIG, DASS DU DIESES ABSOLUTE VERTRAUEN IN DIR HAST. JA, DICH DANN DER ANGST MIT VOLLEM GOTT VERTRAUEN STELLST UND DICH VOLLER VERTRAUEN, EINFACH HINGIBST.

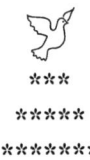

***

*****

****

ICH MACHE JETZT WIEDER

♥ EINE PAUSE. ✿

ABER, VORHER HABE ICH DIR NOCH DREI GANZ INTERESSANTE:

ℭ ZITATE ℰ

WUNDER STEHEN NICHT IMMER
IM WIDERSPRUCH ZUR
NATUR SONDERN EHER IM WIDERSPRUCH
ZU UNSEREM WISSEN
VON DER NATUR.

LERNE DIE GESETZE GOTTES KENNEN UND VERSTEHE

UND HANDLE, WEIL DADURCH WIRST DU DANN

GLÜCKLICHER IN DER EWIGKEIT LEBEN.

LERNE RÜCKSCHLÄGE EINZUSTECKEN UND
LERNE DARAUS, SO, DASS SIE ZUM SPRUNGBRETT FÜR
DEINEN ERFOLG WERDEN. SCHON MANCHER HAT
SICH EIN SCHÖNES HAUS AUS GENAU DEN
STEINEN GEBAUT, DIE IHM ANDERE
IN DEN WEG GELEGT HABEN.

Was Tust Du In Deiner Welt

Lebst du - dein Leben?

ODER

DAS LEBEN EINES ANDEREN?

ERKENNE DICH **SELBST** UND **LIEBE** DEINEN NÄCHSTEN, WIE DICH SELBST.

ICH BEGINNE dieses Kapitel ganz bewusst **MIT** diesen Worten von Jesu. Ich nehme an, dass auch Du dieses Zitat kennst oder schon einmal gelesen hast. Also, jetzt möchte ich Dich daran erinnern und Dir erneut bewusst machen, wie viel **WEISHEIT** darin verborgen ist! Weiter möchte ich Dir bewusst machen, dass es so wichtig ist, zu erkennen, dass wir innerlich nicht getrennt sind von einander, sondern wirklich verbunden sind. -

IST DIR AUFGEFALLEN, DASS allein durch das betrachten eines leidenden Menschen, **ES** Dich innerlich berührt? Dies beweist, dass wir miteinander verbunden sind und mitfühlende Wesen sind. Also, gerade deshalb ist es sehr wichtig, dass Du, nicht nur Dir zu **LIEBE** sondern auch Deinen Mitmenschen zu liebe darauf Rücksicht nimmst, so, dass es Dir gut geht. Sei gut zu Dir! Dies zu erkennen **IST** wichtig, weil, wenn Du selbst nicht leidest, leidet einer Deiner Nächsten auch nicht. - Also, wenn Du dies erkannt hast, dann weißt Du jetzt, dass Du jetzt aufgefordert bist, darauf auch zu achten. Ja, und jetzt beginnst, Deine Welt in Ordnung zu bringen. Also, Du beginnst damit, Dein Leben in Deiner Welt jeden Tag ein bisschen harmonischer zu gestallten. Sei gut zu Dir und zelebriere das Leben im da Sein. -

BEGINNE BEI DIR UND lasse die anderen in Ruhe! **SEI DU SELBST DIE VERÄNDERUNG** und lebe aus Deinem Herzen. Denn, wenn es Dir gut geht oder, weil es Dir gut geht, wirst Du automatisch Freude **UND LIEBE** verbreiten und das ist sehr viel. Ja, das Beste was Du geben kannst! Denn dadurch verwandelt sich Deine Welt positiv und schließlich tust Du es auch für diese Welt.

WENN DEINE NÄCHSTEN DIES BEMERKEN UND DICH PLÖTZLICH FRAGEN, WELCHE DROGE DU KONSUMIERST, DANN ANTWORTE EINFACH:

DIE DROGE DER **ERKENNTNIS**

SIE WERDEN DICH FÜR VER-RÜCKT HALTEN UND DAS SOLLTEST DU DANN ALS EIN KOMPLIMENT AUFFASSEN!

WAS IST JETZT DIE ERKENNTNIS?

Hast DU erkannt, dass es für Deine Welt nur POSITIV ist, wirst Du es sehr lieben Deine Welt in Ordnung zu bringen und ja, Du wirst dann immer mehr Märchen-haft Leben. ☺ HEY DU, es ist egal was andere denken. -

ALSO, WOMIT SOLLTEST DU JETZT ANFANGEN?

Beginne mit **SELBSTLIEBE**. - Ja, dass Du Dich wirklich selbst Liebst **IST DER SCHLÜSSEL**. An dieser Stelle empfehle ich Dir, dass Du damit beginnst Dein Leben auszumisten. Alles alte Zeug, das Du seit einem Jahr nicht gebraucht hast, weg damit! Wirf Ballast ab! Je nach dem, kann ein Umzug auch das Beste sein. Als zweites, schaue einmal in den Spiegel Deines Lebens. Könnte es Dir Spaß machen, da etwas zu verändern? Ich meine nicht noch ein Piercing oder so mehr, sonder je nach dem eher eines weniger. Es ist aber voll ok, wenn Du Dich wirklich wohl fühlst! Was ich wirklich sagen möchte ist, dass es mit Deinem Erscheinungsbild beginnt. Stelle Dir vor, dass Du ein König eine Königin in Deiner Welt bist, Du ein Reich und einen Palast hast. DEIN INNERES REICH SPIEGELT SICH IM ÄUSSEREN REICH und Dein Palast ist Dein Zimmer, Deine Wohnung oder Dein Haus. WIE SIEHT ES DA SO AUS?

HERRSCHT **DIE NEUE** ☺**RDNUNG** ODER **DAS ALTE CHAOS**?

DU BIST DER HERRSCHER IN DEINEM LEBEN, und wenn Du ehrlich sagen kannst, dass es Dir sehr wohl ist und Du wirklich herzhaft glücklich bist, weil es so ist, wie es ist, dann brauchst Du auch nichts zu ändern!
Wenn es Dir aber nicht wohl ist und Du Dich eigentlich mehr Scheisse fühlst als glücklich, weil Du so lebest, wie Du lebst, dann beginne JETZT! Du weißt schon. ☺

Ich habe mein Leben schon mehrmals so richtig ausgemistet und dabei vieles weggeworfen. Es tut wirklich sehr gut! Du bekommst sofort ein Erleichterungsgefühl und Du merkst auch, wie Du belastendes abgeworfen hast. Es ist, wie bei einem Heissluftballon. Erst durch das abwerfen von Ballast, kann er höher steigen! -

SO, UND HIER MÖCHTE ICH DIR NOCH DAS SINN-BILD ERKLÄREN, WELCHES DIE NATUR IN DAS BUCH DES LEBENS EINGETRAGEN HAT.

Ist Dir schon einmal aufgefallen, dass, wenn Du Abfall liegen lässt, es bald anfängt zu stinken und mit dem Gestank bald darauf, die ersten Stinkkäfer rumkrabbeln und rumturnen? Aber sicher hast Du das gesehen!

ALSO, WAS SAGT UNS DAS JETZT

MUSS ICH DIR DAS WIRKLICH ERKLÄREN?

HEY DU ☺ DU WEISST SCHON ☺ UND, **HEY DU.** - Dieser Abschnitt widme ich kurz unseren Brüdern und Schwestern die sich ein bisschen haben gehen lassen, kaum duschen und vielleicht, womöglich, könnte ja sein, sogar ein bisschen stinken.

DIEJENIGEN DIE NACH BLUMEN DUFTEN UND BEREITS IN EINEM WUNDERSCHÖNEN ROSENGARTEN LEBEN ❀ KÖNNEN EINE SEITE RUMBLÄTTERN. ☺

WAS TUST DU IN DEINER WELT - JETZT

OFT BEGINNT ES MIT AUFRÄUMEN, AUSMISTEN UND GRÜNDLICHEM PUTZEN. JA, WARUM DENKST DU, DASS MAN ALS KÖNIG NICHT PUTZEN SOLLTE?

WARUM SOLLTE DIES JEMAND FÜR DICH TUN?

BEZAHLST DU GUT?

DANN IST DAS ETWAS ANDERES! ES IST WICHTIG ZU VERSTEHEN, DASS ES EINEN ZUSAMMENHANG GIBT ZWISCHEN DEINER INNEREN WELT UND DEINER ÄUSSEREN WELT.

➢ JA, WIE INNEN SO AUSSEN ◁

Zeige mir, wie **DU** lebst und ich sage Dir, ob Du ein Sklave oder **EIN KÖNIG** bist! Könige leben nicht im Dreck! Sie leben in einem Palast ohne Ballast! Wobei oft nur Bildlich gesprochen, ja, so wie ich…

Mein Palast ist im Moment eine bescheidene Einzimmerwohnung. Ja, vielen Königen wird eben der Materielle Überfluss auch zu Ballast und sie fühlen sich dadurch eher erdrückt sowie unfrei. Also, sie empfinden es oft als ein „Materieller Klotz am Bein." JA, ein echter Palast KANN wirklich auch Ballast sein. -

ENTSCHEIDEND IST IMMER, WIE DU DICH FÜHLST!
FÜHLST DU DICH BE-FREI-T, LEICHT, GLÜCKLICH UND
SORGLOS ODER PLUMP, STUMPF UND KRUMM?

Dein Leben ist wie D-ein Spiegel. - Das, was Du wirklich zum Leben brauchst ist ein trockener und geschützter Schlafplatz, gutes und reines Wasser, etwas Leckeres und QUALITATIV gesundes zum Essen. Um königlich zu Leben brauchst Du sehr wenig. Denke einmal kurz an Jesu. - Er war ein echter König und hatte keinen Palast im Außen. Also, ich kann dies jetzt nicht beweisen. ☺
Das Leben ist mehr als nur essen, trinken und rumkommandieren. Bequemlichkeit und Faulheit sind nicht unbedingt so schlecht, aber man kann auch zu viel rumpennen! Was einige ZU VIEL TUN kompensieren andere im NICHTS TUN? Zumindest scheint es so. ☺
Auf den richtigen Mix, darauf kommt es an. EINEN LEBENSRHYTHMUS DER GUT TUT, JA, DEN BIORHYTHMUS ZU FINDEN DER ZU EINEM PASST IST WIRKLICH SEHR WICHTIG UND HEY DU, Computer sind etwas ganz tolles, aber sie können Dich auch in eine schmuddelige Penner-Höhle einsperren ohne das Du es gleich bemerkst. -

WENN DER COMPUTER FÜR DICH EIN SPIELZEUG IST,
DANN IST DAS AUCH OK, ABER IST DEIN
COMPUTERSPIEL NICHT AUCH EIN ROBOTERSPIEL?

ES IST
DEIN LEBEN
UND DU BIST DER
KÖNIG ODER DIE KÖNIGIN.

Verdienst oder gewinnst Du ehrliches Geld indem Du mit einem Computer spielst oder weißt Du bald nicht mehr, wie Du Deine Höhle bezahlen kannst? Ja, und hey, es ist wirklich auch sehr wichtig, dass wir immer nur ehrlich gewonnenes Geld in der Tasche haben. - Außerdem ist das zusammentragen von Informationen etwas sinnvolles, aber was tust Du dann damit? IN-FORMATIONEN IN DEINEM **BIO-COMPUTER** ZU SAMMELN IST **OK**, ABER **WAS TUST DU** DAMIT*?*
Bist Du jemand der täglich sehr viele Stunden am Computer sitzt, Artikel um Artikel durch liest und kaum noch in die Natur geht oder sich kaum noch mit lieben Menschen trifft? Interessierst Du Dich für die zahlreichen „Verschwörungstheorien?" - Sorry, aber jetzt möchte ich ganz kurz zu denjenigen sprechen, die stundenlang im Internet surfen und kaum noch in die schöne Natur gehen. Ich selbst bin einigen Blogbetreibern auch dankbar für ihre Artikel, welche sie schreiben und kostenlos ins Netzt stellen. - Und ja, es ist ein Netzt und ein Netzt KANN einfangen. - Hey Du, ich lese doch manchmal auch gerne interessante Artikel, aber es ist schade für

Deine wertvolle Lebenszeit, wenn Du zu viel in Deiner Höhle bleibst und kaum noch am Gemeinschaftsleben teil nimmst. Es ist auch schade, wenn Du dadurch zu sehr vereinsamst und Dich viel zu oft in Deine Höhle zurückziehst. Gehe doch wieder mehr nach draußen in die Natur, triff Dich mit lieben Menschen und genieße das zusammen sein - und, wenn Du Dich für Verschwörungstheorien interessierst ist das schon ok, aber deswegen darf dann in Dir keine Angst und keinen Hass aufkommen, weil dies wirklich nicht königlich ist. -

Weiter solltest Du nicht alles einfach so glauben sondern Dein selbständiges Denken stets auch hier bewahren. Weil auch in dieser „sZene" nicht nur Wahrheiten, sondern auch Habwahrheiten und sicher zum Teil auch Unwahrheiten kursieren. Ich bin sicher, dass es einige falsche Informationen darunter hat. Außerdem andere aufklären zu wollen über gewisse Themen ist in Ordnung, aber, wie gehst Du dabei vor? Hey Du, bitte prüfe die Infos und behalte auch so manches für Dich und schweige. - Diskutiere mit denen, welche sich für dasselbe Thema gleichermaßen interessieren. ;)

SCHLIESSLICH BIST DU EIN KÖNIG EINE KÖNIGIN UND WAHRHAFTIGE KÖNIGE, SIND ECHTE KÖNIGE UND DIENEN DEM LEBEN LIEBEVOLL. EIN KÖNIG, EINE KÖNIGIN HERRSCHT ÜBER SEIN EIGENES LEBEN UND NICHT ÜBER DAS LEBEN EINES ANDEREN. - Es ist gut, wenn Du nicht bei allem mitmachst und auch den Mut aufbringst Deine Ansicht, D-eine Meinung zu offenbaren. Es ist auch mutig, wenn Du es hinnimmst, dass Du als ein „verrückter Verschwörungstheoretiker" abgestempelt wirst. -

Ja, es ist gewiss nicht ganz leicht damit umzugehen. Aber, dem Kollektiv dienst Du nur dann auf konstruktive und liebevolle Weise, wenn Du bei Dir bleibst und eben bei Dir beginnst. Ja, damit, dass Du Deine Welt in Ordnung bringst oder sie in Ordnung hältst. - **BEGINNE EINFACH DURCH DEIN HERZLICH LIEBENDES SO - SEIN, LIEBEVOLL ZU WIRKEN.** Die anderen können es durch Dein Vorleben am besten erkennen, dass Du **DEIN REICH** in Deiner Welt im Griff hast - und Ja, es ist wirklich sehr wichtig, dass DU **IN DIR** beginnst, weil Du nur so im Außen ORDNUNG SCHAFFEN kannst. Außerdem ist es wichtig, dass Du nicht jeden Quatsch glaubst oder in Dich hineinstopfst und Ja, eben nicht jeden „Dreck" konsumierst. ALSO, BITTE KÜMMERE DICH DOCH MEHR UM DICH UND DEINE WELT, UM - DEIN SO - SEIN. - Lebe königlich in Deiner Welt als ein wahrer König eine wahrhaftige Königin und pflege Dein Reich. Zelebriere und genieße es, dass Du am Leben bist. DADURCH BIST DU SCHLIESSLICH EIN POSITIVES, JA, WIRKLICH EIN SEHR EDLES UND WERTVOLLES VORBILD. ☺

PFLÜCKE DIE ROSEN AUS DEINEM KÖNIGLICHEN GARTEN UND VERSCHENKE SIE. **SEI BEDINGUNGSLOS IN DER LIEBE** UND HÖRE AUF ZU BEWERTEN. -

EIN KÖNIG EINE KÖNIGIN ERNTEN WAS SIE SÄEN.

WAS WILLST DU ERNTEN?

HASS ODER **LIEBE**

AHA ☺

HIERZU MUSS ICH NICHTS WEITER DAZU SAGEN… ;)

✱✱✱

WIE DU INZWISCHEN WEISST, IST DIE REALITÄT RELATIV, WEIL JEDER IN SEINER EIGENEN WELT LEBT UND DESWEGEN AUCH SEINE EIGENE REALITÄT ERLEBT. - OK? -

➢ BIST DU NOCH N☺RMAL ➤

WAS IST EIGENTLICH NORMAL?

WER IST WIRKLICH NORMAL?

IST NORMAL SEIN DAS NORMALSTE?

Tja, mit diesem NORMAL sein, habe ich meine eigenen **Pro**blemchen ☺ und eben meine eigene Sichtweise. Also, was NORMAL ist, und was UNNORMAL ist. Tja…hmmm…

DIESE PAAR ZEILEN WIDME ICH DEN NORMALOS, FALLS ES SIE WIRKLICH GIBT.

ALSO, WAS IST DENN **JETZT** NORMAL?

Das NORMALE, also das GENORMTE oder ist es ein Wahnsinn der Normalität, finde ich eher bemitleidens-wert. -

Hey Du, wenn Dir jemand gemein entgegenkommt und Dir sagt Du seist nicht normal, dann bleib freundlich und DANKE ihm VON HERZEN, weil dies ein Kompliment ist. - Ja, es ist für mich eher traurig, was heutzutage als normal gilt. - Weißt Du was? Es widert mich etwas an über das „Normale" zu schreiben über so eine Monokulturelleuniformmetalität. - Manchmal kommt es mir vor, wie in einer Gurkenfabrik, wo nur die genormte Krümmung der Gurke Normal ist. Die Normalität der allgemeinen Meinung ist doch eigentlich sehr traurig. - Hey, wir sind wirklich einzigartige, souveräne, liebevolle, individuelle und geistige Naturwesen. Es steht doch jedem frei sich bewusst zu entscheiden um glücklich, harmonisch und liebevoll zu leben. An dieser Stelle empfehle ich Dir jetzt das beeindruckende Buch von Robert Betz:

WILLST DU NORMAL SEIN ☺DER GLÜCKLICH?

BEFREIE DEINEN GEIST UND KÜMMERE DICH NICHT UM DIE MEINUNG EINES ANDEREN. DU BIST EIN NATUR WESEN UND:

EINZIGARTIGE - SOUVERÄNE - INDIVIDUALITÄT

HEY DU, LEBE EINFACH LIEBEVOLL, KRAFTVOLL, ZUVERSICHTLICH, GEWISSENHAFT, GELASSEN, WUNDERVOLL, DANKBAR, FREUDIG UND MÄRCHENHAFT AUS DEINEM SCHÖNEN HERZEN HERAUS UND VERWIRKLICHE:

♋ D-EINEN WUNSCHTRAUM ଓ

BESTIMME SELBST UND VERABSCHIEDE DICH

FREUNDLICH VON DER SOGENANNTEN **NORMALITÄT UND LEBE** DEIN LEBEN **AUS DEINEM HERZEN. SEI LIEBEVOLL** UND HELFE DA, WO DU KANNST. SEI **STARK UND MUTIG, UND VERTRAUE DEINER INNEREN WEISHEIT.**

➢ AFFIRMATION ✄

SPRICH DIR SELBST GUT ZU!

Gerade dann, wenn Du Schwierigkeiten hast ist es sehr wichtig, wenn Du Dir selbst gut zu sprichst! Ich gebe Dir nun eine kraftvolle Affirmation. Sprich diese täglich in Deinem Geiste oder noch besser ist, wenn Du sie leise vor Dich hin sprichst.

ICH BIN LIEBE
ICH BIN KRAFT
ICH BIN FREI
ICH BIN MUTIG
ICH BIN FREUDE
ICH BIN GLÜCKLICH
ICH BIN MACHT
ICH BIN DANKBAR

WENN DU DIESE AFFIRMATION SPRICHST, DANN IDENTIFIZIERE DICH MIT DEM GESPROCHENEN UND DU WIRST SPÜREN, WIE ES DIR GUT TUT UND DICH STÄRK. DIES IST EINE KRAFTVOLLE UND SEHR SINNVOLLE SELBSTSUGGESTION!

SO, ES WIRD JETZT
ZEIT FÜR EINE PAUSE

ICH **MACHE JETZT EINEN SPAZIERGANG.** -
HEY DU, JETZT GEHE DOCH AUCH KURZ NACH
DRAUSSEN **UND** MACHE EINEN SPAZIERGANG.
GRÜSSE DABEI ALLE, WELCHE DIR BEGEGNEN
**ALS EIN FREUNDLICHER KÖNIG UND
LÄCHLE IHNEN LIEBEVOLL ZU. ;)**

☺

SEI GEGRÜSST
ICH BIN DAS LEBEN
SO WIE DU

Sei Gegrüsst
Ich Bin Das Leben
so Wie Du

Wer menschen FROH machen will,
muss FREUDE in sich haben.
Wer WÄRME in die welt bringen will,
muss LIEBESFEUER in sich haben,
wer menschen HELFEN will,
muss von LIEBE erfüllt sein und
wer FRIEDEN auf erden schaffen will,
muss FRIEDEN IM HERZEN
gefunden haben.

***

*****

HEY
SCHLITZOHR

☺☺☺☺

VERTRAUEN
IST EIN LICHT IN
DER DUNKELHEIT

ICH BIN IMMER NOCH IN DER PAUSE

und BEGRÜSSE GERADE MEINE
BRÜDER UND MEINE SCHWESTERN.

HEY DU
WAS WIR HEUTE BRAUCHEN,
SIND EIN PAAR LIEBEVOLLE EBEN
VER-RÜCKTE LEUTE,
RICHTIGE HERZENS MENSCHEN.
SEHT EUCH AN, WOHIN UNS DIE
„NORMALEN" GEBRACHT HABEN.

MACHE ES DIR EINFACH!
JA, NIEMAND HAT GESAGT, DASS DU
DAS LEBEN SCHWER NEHMEN MUSST. ;)

➢ KÖNIGLICHES GOLD ⊲

MIT GELD KANNST DU:

EIN HAUS KAUFEN, ABER KEINE HEIMAT.
EINE UHR KAUFEN, ABER KEINE ZEIT.
EIN BETT KAUFEN, ABER KEINEN SCHLAF.
EINEN ARTZ BESUCHEN, ABER
KEINE GESUNDHEIT KAUFEN.
EINE POSITION ERKAUFEN,
ABER KEINEN ECHTEN RESPEKT.
BLUT KAUFEN, ABER KEIN LEBEN.
SEX KAUFEN ABER KEINE LIEBE...

DAS HEISST ABER NICHT, DASS GELD SCHLECHT IST.

- GELD IST NEUTRAL -

ES IST ABER WICHTIG, DASS
WIR NUR EHRICHES GELD IN
DER TASCHE HABEN - UND ZUDEM IST
ES DAS BESTE WAS DU FÜR DIE
ARMEN DER WELT TUN KANNST,
NICHT DAZUZUGEHÖREN.
MIT DEM WOHLSTAND,
DEN DU AUF ETHISCHE
WEISE ERSCHAFFST,
MEHRT SICH DER WOHLSTAND
DER GANZEN WELT.

Was ISST ein KÖNIG eine KÖNIGIN?

EIN KÖNIG ODER EINE KÖNIGIN frisst nicht!
Sie ESSEN meistens nur das Beste, wenn sie die Wahl
haben. Ihre Lebensmittel sind Mittel zum Leben in sehr
guter oder exklusiver QUALITÄT und sie segnen
auch ihre Getränke, sowie ihre Mahlzeiten.

**DER KÖNIG ODER DIE KÖNIGIN IST ES SICH WERT
UND, ER ODER SIE, ERKENNT DEN WERT!**

Schließlich möchten sie, dass ihr „Volk" in ihrem
Innern alle Mikronähstoffe bekommt die es braucht um
beim schuften genug Power zu haben. - Aber:

KÖNIGE UND KÖNIGINNEN SCHUFTEN NICHT.

JA, NICHT EINMAL ARBEIT KENNEN SIE.

**⌗ EGAL WAS SIE TUN, SIE TUN ES AUS
FREUDE UND MIT LIEBE. ❤**

Ja, und manche von ihnen essen viel Gemüse, andere
viele Früchte. Einige kochen vegetarisch, andere essen
fast alles roh und ganz wenige essen trotzdem
hi und da ganz wenig Fisch oder Fleisch.

**DEINE ERNÄHRUNG SOLLTE EINEN WICHTIGEN
STELLENWERT IN DEINEM LEBEN HABEN, WEIL DU
VON GUTEM FUTTER MEHR KRAFT BEKOMMST UND
DEINE SYNAPSEN BESSER FUNKEN. ☺**

Von reinem BAUCHFÜLLMATERIAL bekommen sie
Verstopfung und ein Loch im Portemonnaie.

BRAUCHT DER KÖRPER **VITAMINE UND MINERALIEN,** ALSO GEMÜSE UND FRÜCHTE?

ICH MÖCHTE, DASS DU SELBER DENKST, ALSO BEANTWORTEST DU DIR DIESE FRAGE BITTE SELBST. ☺

UND, FALLS DU SCHON KÖNIGLICH AM TISCH SITZT UND DEIN MAL GENÜSSLICH UND DANKBAR ZU DIR NIMMST, IST DAS:

☺ WUNDERBAR ☺

UND, FALLS DEM NICHT SO IST, IST ES DEINE ENTSCHEIDUNG!

KÖNIGE UND KÖNIGINNEN FRESSEN ABER NICHT!

EIN KÖNIG ODER EINE KÖNIGIN ist auch immer höflich und ganz bescheiden. Sie essen stets vorzüglich mit Anstand und sicher nicht, damit gefressen ist.

Und JA, SIE SIND DANKBAR, wenn sie bekocht werden und schätzen es sehr. Sie lieben Schokolade, aber stopfen nicht täglich drei Kilo davon rein. Sie gönnen sich Ausnahmen und haben nie das Gefühl, dass ihnen etwas fehlt. Manche Rauchen gelegentlich genüsslich Tabak und haben kein schlechtes Gewissen dabei. Schließlich ist es ihr Leben und sie Leben ihr Leben so, wie sie es wollen. Sie kümmern sich aber herzlich um andere, sind stets hilfsbereit und pflegen herzliche, ehrliche Dankbarkeit. Ja, und viele kochen auch selbst gerne und laden ihre Liebsten zum gemeinsamen Essen ein. ☺

**EIN KÖNIG ODER EINE KÖNIGIN IST STETS ZUVOR-
KOMMEND UND FREUT SICH AM LEBEN ZU SEIN!**
SIE SIND AUCH NICHT EIFERSÜCHTIG, WEIL SIE WISSEN:

**EIFERSUCHT IST EINE LEIDENSCHAFT,
WELCHE EIFRIG SUCHT, WAS LEIDEN SCHAFFT.**

SIE RESPEKTIEREN SICH SELBST UND **HABEN**
VOR JEDEM LEBEN EINEN GESUNDEN UND
AUFRICHTIGEN RESPEKT.

WENN WIR KÖNIGLICH LIEBEN,
GEHT ES NICHT NUR UM STÄRKE
UND TALENTE. WIR RESPEKTIEREN
UNS GEGENSEITIG ALS MENSCH DER
EINZIGARTIGE, SOUVERÄNE LIEBE IST.

SIE LIEBEN DIE NATUR, DIE TIERE IM WALD UND IM
MEER. MANCHE SPRECHEN MIT ELFEN ANDERE MIT
ENGELN UND WIEDER ANDERE „HÄCKEN" SICH JETZT
DIR ZU LIEBE DURCH DEN DSCHUNGEL VON VIELEN
TAUSEND BUCHSTABEN! ☺

OK, UND JETZT, WAS TUST DU?

FÜHLST DU DICH WERT,
EIN KÖNIG EINE KÖNIGIN ZU SEIN?

WIE STEHT EIN KÖNIG EINE KÖNIGIN AM MORGEN AUF
UND WIE UND WANN GEHEN SIE ZU BETT?

TANZEN SIE MANCHMAL AUCH DURCH DIE NACHT?

Weißt Du, das ist sehr unterschiedlich. Manche Tanzen sich sogar durch das ganze Leben - andere stehen eher früh auf und wieder andere, eher spät. WEISST DU, ES IST JE NACH BREITENGRAD UND KULTUR VERSCHIEDEN. ABER, **SIE BESTIMMEN** DIES EIGENTLICH **SELBST**. ☺

JA, UND WENN EIN KÖNIG
ODER EINE KÖNIGIN AM MORGEN
ERWACHT, DANN SIND SIE
ALS ERSTES EINMAL
SO RICHTIG DANKBAR.

DAFÜR, DASS SIE WIEDER EINEN TAG IN IHRER WELT HERRSCHEN, LIEBEN UND LEBEN DÜRFEN. ☺

Und, wenn sie zu Bett gehen, ja, dann denken sie an den Tag zurück und machen eine Tagesrückschau um zu prüfen, ob sie gute Könige waren. Sie schauen sich vieles noch einmal an, und wenn sie etwas erkennen, was sie hätten besser machen können, dann werden sie sich am nächsten Tag mehr Mühe geben und JA KLAR, DIE CHANCEN NUTZEN, die ihnen geboten werden um es besser zu TUN. SCHLIESSLICH SCHLAFEN SIE ERST EIN, NACHDEM SIE EIN GEFÜHL DER DANKBARKEIT IN - SICH SPÜREN.

JAH,
DAS IST EIN LEBEN
🕯 ALS KÖNIG - ALS KÖNIGIN 🕯
✆ ☺ + ☺ ✆

🕯 HEY DU LIEBER KÖNIG 🕯
🕯 HEY DU LIEBE KÖNIGIN 🕯

IM NÄCHSTEN KAPITEL GEHT ES DARUM,
WIE MAN ALS KÖNIG ODER KÖNIGIN VERZEIHT.

ABER VORHER MACHE ICH
WIEDER EINMAL EINE:

PAUSE

HEY DU,
SEI GEGRÜSST
ICH BIN DAS LEBEN
SO WIE DU UND
ICH BIN LIEBE
ICH BIN KRAFT
ICH BIN FREI
ICH BIN MUTIG
ICH BIN FREUDE
ICH BIN GLÜCKLICH
ICH BIN MACHT
ICH BIN DANKBAR
JA,
DAS BIN ICH.

ÖFFNE DEIN HERZ,
MACH DICH FREI
UND FLIEG LOS, DIE
WELT IST VOLLER
CHANCEN,
WUNDER,
SCHÖNEN
ABENTEUER
UND
LIEBEVOLLEN
MENSCHEN.

VERGEBE DIR SELBST

HO'OPONOPONO

Wann immer es im Königreich auf Hawaii ein Problem gab, ob es ein körperliches Problem war als eine Krankheit, ein zwischenmenschlicher Konflikt, ein Streit, keine Ernte, keinen Fischfang oder einfach nur „schlechtes" Wetter, so wurde der oder die:

KAHUNA - HO'OPONOPONO

gerufen. Das ist eine königliche Hawaiianische Schamanin oder ein königlicher Schamane. Diese-r untersuchte dann, was im Denken der Beteiligten zur Disharmonie im Körper oder im Außen z. B. dem Familienleben geführt hatte. Nach der Berichtigung durch das Zeremonielle Ritual, erfolgte wie von selbst die HEILUNG. -

DEN KÖNIGLICHEN HAWAIIANERN WAR ES BEWUSST, DASS ALLES LEBEN AUS EINER QUELLE STAMMT. Alle Wesen aus dieser Quelle das Leben erhalten haben. In den Zeremonien wird auch G☺TT mit einbezogen. Kann man nicht vergeben, stellt dies eine

Verletzung gegen DAS LEBEN dar. Ho`oponopono Rituale wurden meistens täglich und oft am Abend zur Klärung und Reinigung von emotionalen Blockaden wie: Stress, Angststörungen und vielem anderem angewendet, die während des Tages angesammelt wurden.

Negatives, so solltest Du wissen, also disharmonisches Denken führt immer zu negativen Entscheidungen und dies führt schließlich zu negativen Handlungen. Ja, und das führt dann zu unangenehmen Ergebnissen. Durch unser unharmonisches und negatives Denken und Handeln, wird daraus schließlich: Stress, Wut, Groll, Ärger, Selbstzweifel, Vorwürfe und Streit. Diese erzeugen dann Lebens-Umstände, welche Dich unglücklich machen.

JEDER MENSCH MÖCHTE GLÜCKLICH SEIN, doch, was hindert die Menschen daran, glücklich zu sein? Schuld an ihrem Unglück sind immer die Lebens-Umstände und andere Menschen. AHA ☺

Da gibt es also jemanden, von dem man erwartet, dass er sich ändert und erst, wenn dieser sich ändert soll es mir wieder gut gehen? -

Lang angelegte Studien an der Stanford University haben gezeigt, dass selbst, wenn sich die schwierigen Lebens-Umstände verbessern, sich die meisten Menschen trotzdem unglücklich fühlen. Etwas scheint einfach immer zu fehlen. AHA. -

IST GLÜCKLICH SEIN, EIN SICH ZU
ENTSCHEIDEN GLÜCKLICH ZU SEIN? -
⚷ ❤ AHA ☺

Manche sagen dazu JA. - Und andere meinen, es muss auch eine VERBINDUNG ZUR NATUR UND ZUM GEIST GOTTES bestehen. Und WEISE LEHREN, dass es noch die andere Seite zu erfahren braucht um GLÜCK WIRKLICH KLAR UND INTENSIV ZU EMPFINDEN. -

Das Vergebungsritual Ho'oponopono bietet dem Menschen die Möglichkeit den freien menschlichen Willen positiv zu nutzen und EINE BEWUSSTE ENTSCHEIDUNG ZU TREFFEN. **JA, ES IST EIN SICH ENTSCHEIDEN MIT HO'OPONOPONO DIE VERANTWORTUNG ZU ÜBERNEHMEN** für das schmerzliche Thema von emotionaler Angst, Zweifel, Mangel, Druck, Schuld, Wut und Ärger, damit es sich schließlich auflösen kann.

EIN VERGEBUNGSGEBET HOOPONOPONO
IST EINE - GÖTTLICHE AFFIRMATION. -

ES IST EIN AUS DEM HERZEN GESPROCHENES GEBET UND JE INTENSIVER UND ENTSCHLOSSENER DIESES **HO'OPONOPONO** RITUAL GESPROCHEN WIRD, DESTO STÄRKER WIRD AUCH DIE WIRKUNG SEIN. WICHTIG IST, ES MIT LIEBE IM HERZEN ZU SPRECHEN! **NUTZE DIE KRAFT DES VERGEBUNGSGEBETES HO'OPONOPONO UND BEFREIE DICH** VON DEINEN ÄNGSTEN, SORGEN, BLOCKADEN, TRAUER UND ANDEREN BELASTUNGEN. DIESES VERGEBUNGSGEBET WIRD SOLANGE AUSGEFÜHRT BIS DER GEWÜNSCHTE INNERE FRIEDEN IN DEINER SEELE EINKEHRT.

HO'OPONOPONO ⚷ ♥ VERGEBUNG

♥

DAS GEBET

ES TUT MIR LEID
BITTE VERZEIH MIR
ICH LIEBE DICH

**DU SPRICHST DIESES GEBET KÖNIGLICH
IN DEINEM GEISTE
ZU EINER PERSON ODER SITUATION
UND
DEINE SEELE HÖRT DAS**

HO'OPONOPONO

GEBET UND

BESTIMMT HÖRT ES AUCH

G☺TT - DAS LEBEN. -

WENN DU ES MIT LIEBE AUS VOLLEM HERZEN
DURCHFÜHRST UND JE HINGEBUNGSVOLLER,
ERNSTHAFTER UND ENTSCHLOSSENER DU DIESES
VERGEBUNGSGEBET PRAKTIZIERST, DESTO MEHR
HEILENDE KRAFT WIRD ES ENTFALTEN.
ES IST, WIE MIT EINEM STEIN DER INS WASSER
GEWORFEN WIRD. EIN KLEINER STEIN WIRFT
KLEINE WELLEN UND EIN GROSSER STEIN
WIRFT GROSSE WELLEN.

JE STÄRKER DAS STOSSGEBET DESTO STÄRKER DIE HEILENDE WIRKUNG. -

DER WICHTIGSTE ASPEKT BEI DIESER
VERGEBUNGS-ARBEIT IST, SICH
MIT GANZEM HERZEN
IN DIE VOLLKOMMENHEIT
DES SEINS ZU BEGEBEN.
LIEBE IM HERZEN ZU FÜHLEN
UND SOMIT, SICH
GANZ „GOTT" HINZUGEBEN.

HAST DU DANACH WENIGER PROBLEME?

WAS IST D-EIN **PROBLEM***?*

IST ES EIN **PRO** - BLEM*?*

CONTRA - BLEM*?*

PROBLEME SIND AUFGABEN ZUM AUF-LÖSEN.

PROBLEME SOLLTEST DU AUF-LÖSEN DAMIT ETWAS
NEUES KOMMEN ODER ENTSTEHEN KANN. JA,
DURCH DAS AUF-LÖSEN ODER DAS LOSLASSEN
KOMMT EIN ERLEICHTERUNGSGEFÜHL. - DAS IST
JETZT DER NEUE BEWUSST-SEINS-BLICKWINKEL. ;)

PROBLEME SIND AUCH GELEGENHEITEN UM ZU ZEIGEN, WAS MAN ALLES SCHAFFEN KANN. ☺

PROBLEME STÄRKEN UNS, WENN WIR SIE MIT LIEBE GELÖST HABEN - UND JA, IN BEZIEHUNGSKRISEN KÖNNEN WIR LERNEN BEDINGUNGSLOS ZU LIEBEN UM EINE BEZIEHUNG GLÜCKLICHER, LIEBEVOLLER UND EBEN HARMONISCHER ZU GESTALTEN. MIT HO'OPONOPONO HAST DU WIRKLICH EINE KRAFTVOLLE METHODE ZUR HAND UM DEIN LEBEN ZU VERWANDELN.

ES IST EIN ZAUBERSPRUCH DER DURCH WIEDERHOLTE AFFIRMATION DIE **BEDINGUNGSLOSE LIEBE ZU ALLEM WAS IST** ENTFALTET!

EINE LIEBE DIE SCHLIESSLICH BEDINGUNGSLOS IST, IST DIE KÖNIGLICHE LIEBE. - JA, ECHTE LIEBE IST BEDINGUNGSLOS.

⋈ LIEBE IST BEDINGUNGSLOS ⋈

ES IST DISES GEBET, WELCHES UNS IN DIE LAGE VERSETZ, GOTT IN UNSEREM HERZEN ZU ERFAHREN. ES IST SEINE LIEBE DIE VON ANBEGINN DER ZEIT UNSERE HERZEN DURCHSTRÖMT. - UND JA, ES IST:

⚷ D-EINE WAHL ♥

⚷ DEINE SAAT ♥

⚷ DEINE ERNTE ♥

DU HAST IN JEDEM **AUGENBLICK**
DIE **MÖGLICHKEIT** WEISE ZU WÄHLEN.

DIE ENTSCHEIDUNG ZU LIEBEN UND VERGEBUNG
MIT HO'OPONOPONO UMZUSETZEN IST EINE
WAHL, DIE DU BEWUSST TREFFEN MUSST.

ERLÖSE DEINEN ALTEN SCHMERZ IN DIR UND
BEGEBE DICH IN DIE LIEBE. JA, IN DEN FRIEDEN.
ÖFFNE DEIN HERZ UND SEI BARMHERZIG. -

HEILST DU

DICH

HEILST DU ♥

D-EINE WELT

❤ MEINE LIEBEN ❤
KÖNIGE UND KÖNIGINNEN
ICH MÖCHTE JETZT WIEDER

🗝 EINE PAUSE. 🕊

HEY DU,
SEI GEGRÜSST

ICH BIN DAS LEBEN

SO WIE DU UND

ICH BIN LIEBE

ICH BIN KRAFT

ICH BIN FREI

ICH BIN MUTIG

ICH BIN FREUDE

ICH BIN GLÜCKLICH

ICH BIN MACHT

ICH BIN DANKBAR

JA,

DAS BIN ICH…

…UND DU BIST DAS ALLES AUCH! ☺

☺

LIEBE WELT,
ES TUT UNS LEID
BITTE VERZEIH UNS.
- DANKE - WIR LIEBEN DAS
LEBEN UND WIR WISSEN,
 DASS DU UNS LIEBST. ♥

☺

KÖNIGE UND KÖNIGINNEN
VERZEIHEN SICH SELBST
UND SOMIT ALLEN ANDEREN.
AUSSERDEM SIND SIE SICH
SELBST TREU UND
☺ SEHR EDEL. ☺

✳

DIE VORSTELLUNGSKRAFT

IST DER ANFANG

DER SCHÖPFUNG.

MAN STELLT SICH VOR,

WAS MAN WILL,

MAN WILL, WAS MAN

SICH VORSTELLT

UND AM ENDE

SCHAFFT MAN

WAS MAN
WILL.

ERFINDE DICH NEU

UND?

BIST **DU** GERNE EIN RICHTIG GUTER KÖNIG EINE
ECHT ZAUBERHAFTE KÖNIGIN **IN DEINER WELT**?

MÖCHTEST DU DEIN KÖNIGREICH NEU
GESTALTEN UND NEU BEPFLANZEN?

MÖCHTEST DU QUALITATIV GUTE SAAT SÄEN,
DAMIT **DU IN DEINER WELT** EINE
GUTE ERNTE EINFAHREN KANNST?

NIMMST **DU** DAS ZEPTER NUN IN DEINE HAND UND
BESTIMMST SELBST ÜBER DEIN REICH **IN DEINER WELT**?

WAS MUSST DU JETZT ÄNDERN UM EIN-E GUTE-R UND
VORBILDLICHE-R KÖNIG - KÖNIGIN ZU SEIN?

WAHRHAFTIGE KÖNIGE HERRSCHEN MIT WEISHEIT UND LIEBE. SIE SIND STETS BEMÜHT ALLES ZU VER-BESSERN UND ZU VERSCHÖNERN. Vielleicht spürst Du jetzt einen sehr großen Drang endlich aufzuräumen, auszumisten und vieles ganz neu zu gestalten?

EIN KÖNIG UND EINE KÖNIGIN LEBEN DAS LEBEN MÄRCHENHAFT UND VERBREITEN WEISHEIT, ZUVERSICHT, FREUDE UND HERZLICH VIEL LIEBE.

SIE SIND EIN SEGEN FÜR ALLE DIE IHNEN BEGEGNEN UND sie teilen ihr HAB und GUT mit Bedürftigen. Aber **SIE GEBEN** nicht immer Geld um zu helfen sondern manchmal geben sie auch etwas ganz anderes. Nämlich, **EIN BISSCHEN VON IHRER WERTVOLLEN LEBENS-ZEIT. JA, SIE** haben stets ein offenes Ohr für ihre **LIE-BEN UND** sie sind auch zu fremden sehr freundlich und liebevoll. WENN SIE WEINEN SIND SIE OFT MIT SICH ALLEIN - GANZ IM STILLEN. - Sie **SIND SENSIBEL** und oft sehr sensitiv für das, was in ihrer Welt vorgeht. Sie sind **MUTIG UND VERTRAUEN IN SCHWIERIGEN SITUA-TIONEN UND** sie besitzen manchmal nur ganz wenig Materielles, weil **IHRE REICHTÜMER SIND IHRE GA-BEN, TALENTE UND IHRE LIEBENDE AUSSTRAH-LUNG. -**

SIE BESITZEN WEISES WISSEN UND NUTZEN ES EBEN MIT **WEISHEIT.** SIE KENNEN IHRE MACHT **UND** MISSBRAUCHEN SIE NICHT.

SIE SETZEN **IHRE** GABEN FÜR DAS WOHL IHREN NÄCHSTEN EIN UND VERSCHENKEN EIN LÄCHELN, EINFACH SO. ☺ SIE HABEN KEINE ERWARTUNGEN UND IHRE **LIEBE IST BEDINGUNGSLOS. -**

SIE ZELEBRIEREN UND GENIESSEN IHR LEBEN IN IH-
REM REICH. SIE SIND LIEBEVOLL UND DENKEN SEL-
BER NACH UND SIE HABEN ECHTEN **RESPEKT** VOR
DEM **LEBEN** UND JA, SIE VERTRAUEN DEM LEBEN. -

**SIE ÜBERLEGEN SICH OFT, WIE SIE IHRE WELT NOCH
EDLER UND SCHÖNER GESTALLTEN KÖNNEN UND
SIE TRÄUMEN VOM WELT FRIEDEN.** Sie wissen, dass
sie für den Frieden nicht kämpfen müssen, weil sie
friedlich Leben. Das ist dann; der Gelebte Frieden! **SIE
WISSEN, DASS MAN DAS WISSEN LEBEN MUSS, DA-
MIT DAS LEBEN SINN BEKOMMT.** Sie kämpfen wirk-
lich nicht für den Frieden in ihrer Welt, weil sie wissen,
dass das Leben kein Kampf ist. Sie wissen auch, dass
man Frieden nicht bekämpfen muss. Ja, sie wissen, dass
man den Frieden nicht herbei kämpfen kann. FRIEDEN
IST FÜR SIE EIN INNERER FRIEDEN DER NACH UND
NACH IM AUSSEN SICHTBAR WIRD. Sie haben erkannt, dass das Außen ein Spiegel ihres Seelenreiches ist,
UND SIE WISSEN AUCH, DASS SIE VERANTWOR-
TUNG HABEN, WEIL SIE VORBILDER SIND. -

EIN KÖNIG EINE KÖNIGIN LEBEN IHR LEBEN.

EIN KÖNIG EINE KÖNIGIN IST AUTHENTISCH.

SIE KLOPFEN SICH SELBST AUF DIE SCHULTER UND
SIE DENKEN GUT VON SICH SELBST! SIE HABEN VIEL
EIGENE KRAFT UM ALLES NEU ZU GESTALTEN. SIE
PACKEN ALLES MIT FREUDE AN UND GEBEN AUCH
NIEMALS AUF! SIE SIND SICH SELBST TREU UND
WANDELN ANGST IN VERTRAUEN UM. **SIE SIND
EDEL UND GROSSARTIGE HELDEN**.

WAHRHAFTIGE KÖNIGE SIND MEISTER UND LEBEN DAS LEBEN MEISTERHAFT. JA, SIE MEISTERN ALLES MIT LIEBE.

DAS HERZ IST IHR ZENTRUM, DIE QUELLE UND SIE WISSEN, DASS DIESE QUELLE AN DER GROSSEN QUELLE ANGESCHLOSSEN IST. Sie sind stark und immer bereit ihr Bestes zu geben. Sie wissen, dass sie anderen nur helfen können, wenn sie stets ihr inneres Seelenreicheich in Harmonie bringen und somit ihre Welt im Außen in Ordnung halten. SIE ERFINDEN SICH NEU, WENN SIE MERKEN, DASS SIE SO NOCH EDLER WERDEN IN IHRER WELT. EINIGE LIEBEN DEN MATERIELLEN MINIMALISMUS UND MANCHE CHILLEN AUCH EINMAL GERNE, ABER, SIE SIND NIEMALS NUR FAUL. SIE ERWEISEN ANDEREN EINEN DIENST, WEIL SIE MIT LIEBE UND BEGEISTERUNG IN IHRER WELT REGIEREN! ☺

SIE WOLLEN UND BRAUCHEN KEINE UNTERTANEN, WEIL SIE ERKANNT HABEN, DASS DAS, EGOSCHITT IST!

VIEL MEHR WOLLEN SIE IN DIESER SCHÖNEN WELT VON HERZEN DIENEN UND IN DEM SIE LIEBEND DIENEN, ERFÜLLT ES SIE MIT FREUDIGER LIEBE. ☺

SIE WISSEN, DASS, wenn SIE eines Tages in die anders Welt hinüber gehen, „nackt" gehen werden. Außerdem wissen sie, dass sie ALLE SCHÖNEN ERLEBNISSE UND ERFAHRUNGEN von dieser wundervollen Welt MITNEHMEN dürfen und ja, sie leben ewig und entscheiden selbst, ob sie eines Tages wieder kommen um liebevoll mit Freude zu diene... UND?

HAT DIR DIESE GESCHICHTE GEFALLEN?

♥ LIEBST DU GESCHICHTEN?

ERFINDE DOCH DEINE EIGENE LEBENSGESCHICHTE GANZ NEU UND LEBE DEIN LEBEN, WIE EIN MÄRCHEN. Träume in der Nacht von Deinem Neuen Reich und Träume am Tag Dein Leben in Deiner Welt.

WAS IST DEIN LEBENSTRAUM?

WAS WÜRDEST DU JETZT AM LIEBSTEN TUN?

DANN BEGINNE JETZT EINFACH DEIN TRAUM ZU LEBEN UND STELLE DIR VOR, DU WÄRST BEREITS AM ZIEL!

LEBE EINFACH AUS DEINEM HEZEN HERAUS, ENTFALTE DEINE GABEN UND DIE LIEBE IM HERZEN. DENN DADURCH DIENST DU DEM KOLLEKTIV AUF EINE WUNDERBARE, POSITIVE, EBEN LIEBEVOLLE UND MÄRCHENHAFTE WEISE. DAS IST ALLES KEIN GEHEIMNIS. HEY DU, DAS WIRD DIR DANN BALD SO GUT GEFALLEN, DASS DU EBEN DADURCH EINE ANMUTENDE SCHÖNHEIT EINES ZAUBERHAFTEN, KÖNIGLICHEN SCHMETTERLINGS AUSSTRAHLEN WIRST! HEY DU, UND JETZT WIRD ENDLICH DURCH WUNDERSAME FREUDE IN DEINER SEELE ALLES WIEDER IN HARMONIE KOMMEN. ☺K? DU BIST EIN EINZIGARTIGER, SOUVERÄNER, KÖNIGLI-CHER ZEITGENOSSE UND NUR DU KANNST DIESEN EINMALIGEN, EINZIGARTIGEN TON VON DIR GEBEN. JA, UND EBEN DANK DEINEM EINZIGARTIGEN SEELENTON ERKLINGT DANN DAS KOLLEKTIVE ORCHESTER AUF HARMONISCHE, WUNDERVOLLE UND FRÖHLICHE WEISE ZUR FREUDE ALLER.

SO ERKLINGT DER ULTIMATIVE SPHÄRENKLANG,
WELCHER DICH UND MICH IN VERZÜCKUNG
VERSETZT. - SCHLIESSLICH WIRD ES DICH AUF
WUNDERSAME WEISE MIT DIESEN HELL
LEUCHTENDEN REGENBOGENFARBEN
ZUM ERSTRAHLEN BRINGEN. -

AUSSEN IST, WAS INNEN IST UND
INNEN IST, D-EINE LIEBE ZU DIR
UND SOMIT ZU ALLEM, WAS IST.

JETZT TUST ES
❧ DU IN DEINER WELT ☙

BEVOR WIR INS LETZTE KAPITEL GEHEN UND DAS
MÄRCHENBUCH VIELLEICHT WEITER GEBEN, NEHME
ICH JETZT EIN BAD IM KERZENLICHT UND LASSE ES MIR
DABEI KÖNIGLICH GUT GEHEN. ☺

**ICH GÖNNE MIR JETZT EINE KURZE AUSZEIT IN
MEINER KLEINEN WELLNESSOASE UND** ÜBERLEGE
MIR DABEI, WIE ICH DIESES MÄRCHENBUCH **ZUM
AUSKLANG** BRINGE. **TRÄUME** SCHON **EINMAL**
BEVOR **DU** WEITER LIEST:

VON DEINEM NEUEN LEBEN

STELLE DIR VOR, WIE ES WÄRE, WENN DEIN LEBEN
EIN WUNDERSCHÖNER TRAUM IST UND **DU**

DIE KÖNIGLICHE HAUPTROLLE SPIELST.

*

* *

* * *

HEY DU,

WAS WÜRDEST DU TUN,

WENN DU ENE MILLION

BONBONS HÄTTEST?

SO KÖNNTEST DU
D-EINEN WUNSCHTRAUM
ERKENNEN.

🔑 🖤

UND, WENN DU DEIN TRAUMLEBEN ERKENNST,
DANN SCHREIBE ALLES AUF! JA, DAS IST DER
ZWEITE SCHRITT IN DIE TRAUMVERWIRKLICHUNG.
SIEH ZU, DASS DU DEN ZETTEL DANN
IN DEINEM SICHTFELD HAST. ;)

DAS WILL ICH
MIR SCHREIBEN IN
HERZ UND SINN,
DASS ICH NICHT NUR
FÜR MICH AUF ERDEN BIN,
DASS ICH DIE LIEBE
VON DER ICH LEBE,
LIEBEND AN ANDERE
WEITER GEBE.

*

✳

MANCHMAL PASSIEREN WIRCKLICH
DRAMATISCHE EREIGNISSE IM LEBEN,
DIE UNS UNFAIR UND AUCH
SCHRECKLICH VORKOMMEN.
DOCH ES GIBT AUCH EINE ANDERE SEITE.
DENN, WENN MAN RÜCKWIRKEND
GENAU DARÜBER NACHDENKT,
DANN WIRD MAN FESTSTELLEN,
DASS MAN OHNE DIE BEWÄLTIGUNG
DIESER HERAUSFORDERUNGEN
NIEMALS DIE EIGENE STÄRKE UND SEIN
POTENZIAL VERWIRKLICHEN HÄTTE
KÖNNEN. SCHLIESSLICH SIND WIR EBEN
DADURCH ZU EINEM INDIVIDUELLEN,
LIEBEVOLLEN UND SOUVERÄNEN
MENSCHEN ERWACHT
DEN MAN EIGENTLICH
SCHON IMMER GEWESEN
IST, ABER SICH HEUTE
DARÜBER BEWUSST IST.

ES GIBT ZWEI ARTEN
SEIN LEBEN ZU LEBEN:
ENTWEDER SO,
ALS WÄRE NICHTS

EIN WUNDER
ODER SO,
ALS WÄRE

ALLES EINES

ALBERT EINSTEIN

Ausklang

* *

* * *

* * * * *

Meine Lieben
Könige und Königinnen

WAS TUT IHR NUN FÜR DIESE WELT?

WAS TUT IHR NUN FÜR EURE WELT?

WAS TUN WIR JETZT FÜR DIESE WELT?

❀ TU DOCH WUNDER IN DEINER WELT ❀

JETZT, WO DU VIEL NEUES ERFAHREN DURFTEST UND BIS HIERHER GELESEN HAST, **IST ES DOCH SCHÖN ZU WISSEN, DASS DU EIN KÖNIG EINE KÖNIGIN BIST.** WAS TUST DU JETZT UM DEIN LEBEN IN ORTNUNG ZU BRINGEN?

KANNST DU DIR SELBST VERGEBEN für das, wo Du hättest liebevoller gestalten können? Wir sollten uns von der Vergangenheit **JETZT** verabschieden. Sie war so, wie sie war und sie kommt nicht wieder. Egal ob sie schön war oder nicht so toll gewesen ist, es ist Vergangenheit und sie ist vorbei! Für immer vorbei! Sie ist in Deiner Erinnerung, also **ERINNERE DICH AN DAS, WAS GUT WAR! UND JA, AN DAS WAS JETZT GUT IST! SEI DANKBAR LEBEN ZU DÜRFEN!** Leben ist kein müssen und ja, es ist Dein Leben! HEY DU, jetzt erlebst Du mit Freude und DANKBARKEIT das, was jetzt ist. Klar? HAY DU, Du machst Erfahrungen die es wert sind sie zu erfahren! DAS LEBEN IST DIE ERFAHRUNG ZU LEBEN!

DAS, WAS WAR, IST GESCHICHTE UND DAS, WAS SEIN WIRD IST:

☺ D-EINE NEUE TRAUMGESCHICHTE ☺

JA, ES SIND ALLES GESCHICHTEN DIE DAS LEBEN GESCHRIEBEN HAT UND **JETZT** WÜNSCHE ICH MIR SEHR, DASS **DU** ENDLICH:

DIR D-EINEN WUNSCHTRAUM ERFÜLLST.

JA, und Du Dich damit selbst glücklich machst! Es ist eine ver-rückte Zeit, ich weiß, aber das hat auch etwas Schönes. DU HAST JETZT DIE CHANCE, DEIN LEBEN GANZ NEU ZU GESTALTEN! Ich weiß, dass Du stets Dein Bestes gibst und Dein Bestes ist einfach das Genialste was Du geben kannst und auch das, was Du bist. DU BIST GENIAL UND EIN KÖNIG EINE KÖNIGIN!

HERRSCHE MIT LIEBE UND SEI WEISE

☺ DU IN DEINER WELT ☺

ACHTUNG AUCH VOR DIR SELBST!

DU HAST VERANTWORTUNG
BEIM VERÄNDERN D-EINER WELT.
JA, DENK DARAN, ES IST DEIN SO - SEIN
UND DU BIST DESSWEGEN STÄNDIG
FÜR ANDERE EIN VORBILD! ☺

WAS WÄRE, WENN ICH NICHT MEIN WILLE
EINGESETZT HÄTTE UM WEITER ZU LEBEN?
DU HÄTTEST DIESES BUCH NIE GELESEN. DAS, WAS
DU IN DIESE WELT TRÄGST SIND FRÜCHTE UND
DIESE FRÜCHTE, DIE DU IN DIESE WELT BRINGST,
SOLLEN FÜR ALLE DEINE BRÜDER UND
SCHWESTERN WUNDERBAR SCHMECKEN.
JA, DU BIST EINZIGARTIG UND SOUVERÄN!
ALSO SOLLTEST DU AUCH STETS DANKBAR SEIN. -
AUCH, DASS DU AM LEBEN BIST UND ES ERFAHREN
DARFST IST EIN GUTER GRUND UM DANKBAR ZU
SEIN. UND JA, FÜR ALLES ANDERE, WAS DU BEREITS
GESCHENKT BEKOMMEN HAST IST EBENSO EIN
GRUND UM HEUTE HERZHAFT DANKBAR ZU SEIN.

DAS LEBEN SAGT IMMER JA. -
BITTE - UND DIR WIRD GEGEBEN.
ICH MEINE DANKE UND DIR WIRD GEDANKT.
DU BIST SO WERTVOLL FÜR DIESE WELT UND DU HAST
EINE SO ZAUBERHAFTE UND WUNDERSCHÖNE,
REGENBOGENFARBENE SEELE. -

ICH HABE STETS EINE INNERE FREUDIGE GEWISSHEIT IN MEI-
NEM HERZEN UND **VERTRAUE G☺TT BEDINGUNGSLOS.**

ICH WEISS, DASS WIR MIT **LIEBE** ALLES ER-SCHAFFEN,
UND ICH WEISS, DASS DU AN DER UNVERSIEGBAREN
QUELLE GOTTES ANGESCHLOSSEN BIST. ALSO, SEI JETZT
EINMAL SO RICHTIG DANKBAR, DASS DU ALS EIN KÖNIG
EINE KÖNIGIN IN EINER WELT LEBEN DARFST,
DIE **DICH** LIEBT. ☺

ICH BIN UND DU BIST, ALSO, ICH UND DU ODER
DU UND ICH, WIR SIND, UND ZUSAMMEN SIND WIR:
MEGA STARK! ☺

DAS WICHTIGSTE WIRD SEIN,
DASS DU DICH ENTSCHEIDEST, EIN FRÖHLICHER UND
EIN LIEBENDER MENSCH ZU SEIN.

DU BIST AUS LIEBE GEMACHT UND DU HAST UND
BIST DIESE MACHT. DANK DEINER LIEBESFÄHIGKEIT
KANNST DU MEHR LIEBE IN DIE UND
IN D-EINE WELT BRINGEN.

⚷ DU BIST LIEBE UND
DIES IST EINE MACHT ♥

ES IST EIN PARADOXES MYSTERIÖSES
MÄRCHEN ICH WEISS, ABER DAS SOLL DIR **JA**
FREUDE MACHEN. DU SOLLTEST SPASS HABEN
AM LEBEN ZU SEIN. DEINE LIEBE IN DIR UND
DEINE ERFAHRUNGEN SIND SEHR WERTVOLL
FÜR DIESE WELT. -

DU BIST EINFACH SPITZE*!*
DU **BIST** EINFACH NUR **EIN WUNDER**. ALSO,
JETZT WUNDERE DICH AUCH **EINMAL***!*

ALLES IST GUT UND ALLES findet den Weg. Alles **MACHT SINN**. **DU BIST DER SINN** und Du machst Sinn. **JETZT**, wo Du vieles erfahren hast, bist Du der Weg. Suche nicht nach dem richtigen Weg, aber **GEHE** den Weg **KÖNIGLICH** den Du gehst. Gehe **DEN WEG** mit erhobenem Haupt, **SO, DASS DEINE KRONE IMMER SCHÖN AUF DEINEM KOPF SITZT UND HALTE DEIN KOPF STETS OBEN** sonst fällt Deine Krone runter! - **DU BIST GEIST** vom Geist **GOTTES**. **DU SELBST BIST** diese **GOTTES ENERGIE ESSENZ**. Diese Energie des Lebens, die durch Dein Herz strömt ist die gleiche, wie die, die auch durch mich strömt! **ICH DANKE DIR VON GANZEM HERZEN**. - **ALLES LIEBE WÜNSCHE ICH DIR UND ICH GRÜSSE DICH LIEB AUS MEINEM REICH**. - ☺

VIELLEICHT BEGEGNEN WIR UNS DURCH EINEN WUNDERSCHÖNEN ZUFALL UND FREUEN UNS DANN GEMEINSAM, DASS WIR AM LEBEN SIND, JA, UND UNS LEBENDIG UND LIEBEVOLL BEGEGNEN DÜRFN.

Sei ein Segen

Für Jeden

Der dir Begegnet*!*

*

DER PUNKT AN DEM
DER REGENBOGEN
DIE ERDE BERÜHRT,
IST DORT, WO DAS
HERZ EINES GANZ
BESONDEREN
MENSCHEN
STRAHLT.
SIEHST DU
DIE
WUNDERSCHÖNEN
FARBEN ÜBER DIR?

✿ Sei ein Segen ✿
Für Jeden
✿ der Dir Begegnet ✿

MIT DANKBARKEIT UND LIEBE
WÜNSCHE ICH DIR, DASS

☙ **DU IN DEINER WELT** ☙

DIR JETZT SELBST
D-EINEN WUNSCHTRAUM
ERFÜLLEN WIST. -

DU DARFST DIESES BUCH NATÜRLICH WEITERGEBEN,
DENN DA DRAUSSEN HAT ES NOCH
KÖNIGE UND KÖNIGINNEN
IN EINEM ANDEREN HIMMELREICH,
DIE AUCH VERGESSEN HABEN, DASS SIE:

WUNDERBARE KÖNIGLICHE

KINDER GOTTES SIND.

DAS MÄRCHENHAFTE AM LEBEN ZU SEIN IST
JETZT, DASS ES DIR NOCH EINE SCHÖNE GESCHICHTE
ZUM AUSKLANG MITGEBRACHT HAT... ☺

ICH WÜNSCHE DIR,
DASS DU IN DEN FARBEN
DES REGENBOGENS LEUCHTEST.
GOTT ERSCHUF IHN FÜR DICH
UM MIT DIR FREUNDASCHAFT
ZU SCHLIESSEN UND UM
DIR DAMIT ZU ZEIGEN,
DAS DER BUND
ZWISCHEN IHM
UND DIR EIN
ZEICHEN
SEINER
TREUE
UND
LIEBE
IST.

Das Märchen der Sternenseelen

Vor langer Zeit in der lichten Welt wurde eine Entscheidung getroffen. Zu jener Zeit wurden die Herzen der Sternenwesen erschüttert von einem Ruf. Einem lautlosen Schrei - ausgesandt von Millionen von Seelen. Ein Schrei, der die Sternenwesen so tief berührte, dass Millionen von ihnen diesem Ruf folgten, tief hinab in die Dimensionen, an einen der dunkelsten Orte des Universums.

Dieser Schrei kam von der Erde, diesem kleinen Planeten, auf dem Milliarden von Seelen sich tief verstrickt hatten, auf dem das Wissen um die Lichtwelt beinahe verloren war. Ein Ort so fern dem Licht, dass sich fast alle Seelen dort im Vergessen verloren hatten.

Obwohl der Fall tief war, zögerten die Sternenwesen nicht. Ihr Entschluss kam nicht aus dem Verstand sondern war eine direkte Antwort des Herzens auf diesen Ruf. Viele von ihnen wussten zudem gar nicht, was sie erwartete - die meisten hatten sich niemals vom Licht entfernt. Die Ältesten verstanden den Wunsch der Sternenwesen und doch mussten sie einige Worte der Warnung sprechen: „Die meisten von euch", so sagten sie, werden alles vergessen. Ihr werdet nicht wissen, wer ihr seid noch woher ihr kommt und wozu ihr auf der Erde seid. Ihr werdet genauso „verloren" sein, wie alle Seelen dort. Ihr werdet euch in einer Welt wiederfinden, in der alles verkehrt herum ist. Euer Heimweh wird sehr groß sein. Der Schmerz, vom Licht getrennt zu sein ist unbeschreiblich. Ihr habt ihn nie erlebt und für euch wird die Verzweiflung beinahe unerträglich scheinen.

Viele von euch werden es vielleicht nicht schaffen, werden „verloren" gehen und für viele Leben in Dunkelheit versinken."

„Diejenigen von euch" fuhren die Ältesten fort, „die ihren Schmerz überwinden und sich zu erinnern beginnen, werden den gleichen Weg gehen müssen, wie die Erdseelen auch. Ihr müsst ihre Lage verstehen lernen - es ist der einzige Weg, ihnen zu helfen. Wisset, dass ihr das Licht in eurem Herzen tragt, es wird euch eine Flamme sein, wenn die Dunkelheit groß ist. Mit der Zeit werdet ihr lernen, euch wieder mit dem Licht zu verbinden. Jedes Mal, wenn dies gelingt, schafft ihr die Möglichkeit für andere um es euch gleich zu tun. Je tiefer ihr euch mit dem Licht verbindet, je stärker es in euch lebendig wird, desto mehr werdet ihr wie Öffnungen sein im dunklen Schleier dieser Welt. Öffnungen, durch die das Licht endlich wieder auf die Erde fließen kann."

DIE STERNENSEELEN WOLLTEN MEHR ERFAHREN

„Lasst es uns euch so erklären: Die Erde ist ein Ort des Lärms, der das Stille Lied vergessen hat. Es wird schwer sein, sich in diesem Lärm an das Stille Lied zu erinnern. Aber ihr werdet es finden, tief in euren Herzen und ihr werdet beginnen, es mit eurem Wesen zu singen. Es wird nur ein leiser Hauch sein, aber er wird beginnen andere Seelen zum Schwingen zu bringen und mit der Zeit werden sich einige an das Stille Lied erinnern."

ES GESCHAH, DASS DIE STERNENSEELEN IN DREI WELLEN AUF DER ERDE EINTRAFEN.

Die erste Welle hatte allein die Aufgabe sich zu erinnern, die Tür zu öffnen, eine erste Frequenz auf der Erde zu verankern und die Kruste der Dunkelheit aufzubrechen. Ihr Erscheinen würde die Erinnerung an das Licht wachrufen und spirituelles Wissen wieder in der ganzen Welt verfügbar machen.

Die zweite Welle hatte so weit bessere Voraussetzungen. Ihre Aufgabe war es, die Schwingung weit genug zu erhöhen um die Voraussetzungen zu schaffen, dass die Seelen der dritten Welle in diese Schwingung geboren werden könnten. Ihre Aufgabe war es, einfach nur sie selbst zu sein, die Verbindung zum Licht zu halten und so die Welt um sie herum zu beeinflussen. Sie sollten auch die Seelen der dritten Welle in Empfang nehmen.

Die Seelen der dritten Welle würden so in der Lage sein beinahe mit ihrem ganzen Licht zu inkarnieren. Sie könnten sich rasch erinnern und schon bald ganz bestimmte Missionen antreten, welche alle Aspekte der Welt wieder ins Licht führen sollten.

Doch die Alten sollten recht behalten: Die Verluste waren riesig. Große Teile der ersten Welle beging Selbstmord, andere verloren sich in Depressionen und in Drogen. Trotzdem blieben genug von ihnen übrig um die nötige Frequenz auf der Erde zu stabilisieren.

Diese erste Welle inkarnierte in der Zeit zwischen 1945 und 1970 und sie wurden bekannt als die Hippies.

Die zweite Welle inkarnierte in den 60er bis 90er Jahren. Man nennt sie Indigokinder und obwohl ihre Voraussetzungen sehr viel besser waren, „verloren" sich auch bei ihnen Tausende in Drogen und Wahnsinn. Doch jene, die sich erinnerten, brachten starke Mystische Energien zurück auf die Erde. Die meisten von ihnen sind eher Menschenscheu obwohl es ihre Aufgabe wäre unter Menschen zu sein, was die Sache eher schwierig gestaltete. Jene, die trotz allem ihren Weg fanden, wurden Helfer, Heiler, Aktivisten und Künstler. Obwohl nicht viele von ihnen ihre volle Kraft und Größe erreichten, konnten sie doch erreichen, wozu sie gekommen waren und haben den „Boden" vorbereitet.

Die Dritte Welle ist jetzt bekannt unter dem Namen Kristall- und Regenbogenkinder. Diese Menschen werden seit den 70er Jahren geboren. Sie haben den Auftrag, die Strukturen dieser Welt liebevoll zu verändern, aber sie kommen mit einer so hohen Schwingung, dass die Welt für sie teilweise unerträglich ist. Finden diese Seelen ihre Bestimmung, sind sie nicht aufzuhalten. Sie haben die Kraft, Millionen von Seelen zu helfen sich aus den Verstrickungen und Verwirrungen der Matrix zu befreien. Diese Lichtkinder haben sehr starke und wunderbare Fähigkeiten und Gaben, welche bisher auf dieser Erde eben sehr selten waren. JA, SIE ALLE SIND:

⚬HELDEN⊶DIESER♥WELT⚬

Sei einfach
Liebevoll, dann bist du
Königlich

Ich Liebe das leben und
 DAS LEBEN LIEBT UNS

ES WAR MIR EINE GROSSE FREUDE
DIR ZU DIENEN

DAS LEBEN IST EIN WUNDERBARES
MYSTERIUM, EIN **MÄRCHEN** UND BEINHALTET
VIEL GEHEIMNISVOLLES...ODER...?

DAS MÄRCHEN DES LEBENS...ES GEHT WEITER...

MIT GLAUBE WIRD **ALLES MÖGLICH.**
MIT LIEBE WIRD ALLES EINFACH.
MIT GEWISSHEIT **GELINGT ALLES.**

IN DER MITTE
VON SCHWIERIGKEITEN
LIEGEN WUNDERSCHÖNE
MÖGLICHKEITEN.

ALBERT EINSTEIN

DU MUSST **IN DIE RICHTUNG** GEHEN
IN DIE DICH **DEIN** ♥ ZIEHT.

✳

DER KREATIVE ERWACHSENE
IST EIN KIND DAS ÜBERLEBT HAT.

✳

DEINE SORGEN NEHMEN DIR NICHT
DIE PROBLEME VON MORGEN.
SIE NEHMEN DIR DIE SCHÖNEN
MOMENTE VON HEUTE.

✳

EINES DER SCHÖNSTEN GEFÜHLE DER
WELT IST, WENN MAN JEMAND LÄCHELN
SIEHT UND WEISS, DASS MAN SELBST
DER GRUND DAFÜR IST.

JA, DIE BESTEN SPRÜCHE SIND DIE,
DIE MAN LIEBEVOLL LEBT.

ICH GING
DURCH DAS TAL
DER FREUDE,
DURCH DAS TAL
DER TRAUER,
DURCH DAS TAL
DER SCHMERZEN
DURCH DAS TAL
DER TRÄNEN
UM SCHLIESSLICH
AUF DEM GIPFEL
DER VIELEN
ERKENNTNISSE
ANZUKOMMEN.

DAS LEBEN IST
EIN MÄRCHEN
UND
DU BIST
MITTEN DRIN,
ALS
EIN KÖNIG EINE KÖNIGIN

KRISE ALS CHANCE
Wie man Krisen löst und zukünftig vermeidet

KURT TEPPERWEIN

Aus Krisen kann man sich nur befreien, indem man sie nicht verdrängt, sondern sich mit ihnen auseinandersetzt. Tut man dies nicht, gerät man zwangs-
läufig von einer Krise in die nächste. Kurt Tepperwein belegt diese Behaup-
tung überzeugend in seinem Buch. Er zeigt, wie man Krisen als Chancen nutzt
und künftig besser mit ihnen umgehen kann. Themenschwerpunkte: Wie
entstehen Krisen? Welche Krisen durchlebt der Mensch?

Was kann der einzelne aus Krisen lernen?

ISBN 978-3-636-07099-9

Die Geistigen Gesetze
Erkennen, verstehen, integrieren

KURT TEPPERWEIN

Kurt Tepperweins zentrales Werk über das, was jeder für sein Glück und seinen Erfolg tun kann. Unser Leben und die ganze Schöpfung sind durchdrungen von einer inneren Ordnung, die bestimmten Gesetzmäßigkeiten gehorcht. Diese Geistigen Gesetze haben ihren eigenen Rhythmus, in den wir alle eingebettet sind. Unser gesamtes Leben vollzieht sich in Rhythmen; auch Raum und Zeit unterliegen ihnen. Nur die Kenntnis dieser ewigen Gesetze versetzt uns in die Lage, sie sinnvoll für unser Leben zu nutzen. Seit Jahrzehnten hat sich der bekannte Therapeut und spirituelle Lehrer Kurt Tepperwein mit diesen Schicksalsgesetzen befasst, über die berühmte Meister und Philosophen der verschiedensten Kulturen geschrieben haben. Aufbauend auf einem Schatz wertvollen tradierten Wissens, hat er dieses "Lesebuch" verfasst, das uns helfen soll, uns mehr und mehr als untrennbaren Teil des Ganzen zu fühlen. Die geistigen Gesetze helfen uns dabei: Sie weisen auf eine Gerechtigkeit jenseits von Konvention und Moral hin und zeigen einen kosmischen Plan auf, der neue, ungeahnte Möglichkeiten zur Lösung unserer Probleme bietet.

ISBN 978-3-442-21610-9

Bevor Du Dich erschießt, lies dieses Buch!

JAN VAN HELSING

Dieses Buch ist ein Kraftpaket und macht unbeschreiblich viel Mut, sich selbst nicht aufzugeben, sondern »Krisen« als Chancen zu sehen und den Sinn dahinter zu verstehen.

Wie schaut's aus? Sind Sie gerade an einem Punkt angelangt, an dem Sie sich die Kugel geben wollen, weil Ihnen das Wasser bis zum Hals steht oder weil Sie keine Ahnung haben, wie Sie die aktuellen Rechnungen bezahlen sollen oder Ihre Altlasten begleichen können, um endlich wieder frei zu sein? Ist Ihre Ehe zerbrochen, Ihr Freund oder gar Ihr Kind gestorben, oder hat ein schwerer Unfall Ihr Leben derart verändert, dass Sie keinen Sinn mehr darin sehen? Sie haben Ihr Gesicht verloren, sind verleumdet, betrogen oder misshandelt worden? Aufgrund solcher und anderer schwerwiegender und oftmals sogar traumatischer Erfahrungen stellt man verständlicherweise alles in Frage - sich selbst, sein Denken, sein Umfeld, seine Arbeit, die Familie, den Sinn des Lebens überhaupt und meist auch das, woran man bisher glaubte. Man fühlt sich hilflos, sieht keine Lösung, sieht keinen Ausweg mehr! Doch halten Sie inne, Sie sind nicht alleine! Viel mehr Menschen, als Sie sich vorstellen können, sind momentan in extreme innere Prozesse verwickelt. Und es werden mehr, immer mehr - weltweit! Und das hat einen besonderen (und guten) Grund! Interessiert es Sie, warum gerade jetzt so viele Menschen durch persönliche Krisen gehen? Wieso gerade jetzt in allen Ländern der Welt die Menschen auf die Straße gehen, ihren Mund aufmachen und Revolutionen anzetteln - auch in Deutschland?

Viele werden schon vor Jahren in diversen Büchern gelesen oder bei Vorträgen gehört haben, dass wir auf eine Zeit zusteuern, in der dies nicht nur Einzelne, sondern ganze Massen betreffen wird. Doch was steckt dahinter? Und was, wenn es plötzlich uns selbst erwischt? Wenn einem das Leben den Teppich unter den Füßen wegzieht? Was soll man dann tun? Sich aus dem Leben zu schießen, ist nicht die Lösung.

Jan van Helsing spricht hier aus Erfahrung, denn ihn hat es im März 2012 eiskalt erwischt und ziemlich aus der Bahn geworfen. In diesem Buch teilt er mit den Lesern sein persönliches »Tal der Tränen« sowie seinen Lösungsweg und präsentiert zudem die Krisengeschichten von weiteren 36 Menschen, die im Leben einst gut positioniert waren und dann durch irgendein Ereignis »abstürzten«, teilweise alles verloren haben und dennoch wieder auf die Beine kamen, um ein glückliches und erfülltes Leben zu genießen - und das viel bewusster und sogar schöner als zuvor. Sie beschreiben hier, wie sie das geschafft haben. Dieses Buch ist ein Kraftpaket und macht unbeschreiblich viel Mut, sich selbst nicht aufzugeben, sondern solche »Krisen« als Chancen zu sehen, den Sinn dahinter zu verstehen, das Leben neu in die Hand zu nehmen und nochmals neu durchzustarten.

ISBN: 978-3-938656-48-8

Willst du normal sein oder glücklich?

ROBERT BETZ

JEDER KANN SICH BEWUSST FÜR EIN GLÜCKLICHES LEBEN ENTSCHEIDEN
Wie oft haben wir das Gefühl, am wahren Leben vorbei zu leben? Gefangen zu sein in dem inneren Zwang, bestimmten Normen und Erwartungen entsprechen zu müssen? Der blinden Masse hinterherzurennen, statt das eigene Leben zu einem wundervollen Abenteuer zu machen? Dieses mitreißende Buch ermutigt dazu, die ausgetretenen Pfade eines Lebens, mit dem man sich nicht wohlfühlt, zu verlassen. Der Psychologe und Bestsellerautor Robert Betz führt seine Leser auf den Weg des Herzens und zeigt, wie ein Leben voller Freude, Leichtigkeit, Erfolg und Erfüllung endlich Wirklichkeit wird.

ISBN: 978-3-453-70169-4

Brigitte Hamann
**Wie Sie Ihre
Selbstheilungs-
kräfte aktivieren**

Das Geheimnis von
Gesundheit, Vitalität und Glück

KOPP

Wie Sie Ihre Selbstheilungskräfte aktivieren

BRIGITTE HAMANN

Entdecken Sie die geheime Macht der menschlichen Selbstheilungskräfte

Es klingt fast zu schön, um wahr zu sein, aber unzählige Beispiele und wissenschaftliche Studien belegen, dass der menschliche Körper sich selbst heilen kann - selbst schwerste, ja sogar sogenannte unheilbare Krankheiten. Menschen, die von ihren Ärzten zum Sterben nach Hause geschickt werden, heilen auf »wundersame« Weise. Patienten, die jahrelang an chronischen Erkrankungen gelitten haben und denen kein Medikament helfen konnte, werden plötzlich gesund. Brigitte Hamann zeigt Ihnen anhand neuester medizinischer Forschungen und mit vielen praktischen Tipps, wie Sie für den Rest Ihres Lebens eine große Zahl von Krankheiten in den Griff bekommen können, ohne einen Arzt aufsuchen zu müssen. Jeder Mensch verfügt über enorme Selbstheilungskräfte. Wenn es Ihnen gelingt, diese zu aktivieren, können Sie die meisten Krankheiten ohne Tabletten und Medikamente heilen. Es wird Ihnen besser gehen und Sie werden länger leben, ohne dass Sie Zeit und Geld in Ärzte, Spezialisten und die Pharmaindustrie investieren - und ohne dass Sie sich gefährlichen und unangenehmen Nebenwirkungen aussetzen.

Wie Sie Ihre Selbstheilungskräfte aktivieren ist eine wahre Fundgrube an wissenschaftlich bestätigten Informationen, die Sie benötigen, um sich die bemerkenswerten Heilkräfte des Körpers nutzbar zu machen und Ihre Selbstheilungskräfte zu stärken:

ISBN 978-3-86445-037-2

☺ **EIN BISSCHEN ÜBER M-ICH** ☺

Die Pausen während der Schulzeit waren für mich sehr schön und vor allem sehr lehrreich. Das meiste andere Zeug, war für mich oft langweilig, mühsam und meistens auch uninteressant. Hauptsächlich, weil ich eher ein Desinteresse am „normalen" Schulstoff hatte. ICH wollte viel **LIEBER** das tun, was mir am meisten Freude bereitete. ICH spürte **INTUITIV**, dass es viel wesentlicheres, interessanteres und eben weiseres Wissen über das **LEBEN** geben muss. In meiner Freizeit, also Pausen, widme ich mich mit viel Energie und Freude stets meinen Lieblingsbeschäftigungen wie: Kunst, Lesen, Reisen, ein bisschen Sport, **PHILOFANTASIE** natürlich, die Natur **GENIESSEN UND EINFACH** einmal alleine zu sein, finde ich auch sehr schön. NATÜRLICH GENIESSE ICH ES SEHR, WANN IMMER ES MÖGLICH IST MIT MEINEN KINDERN UND MEINER FAMILIE ZUSAMMEN ZU **SEIN**. ☺

FACEBOOK.com/sosduindeinerwelt

ICH SPÜRE JETZT EINE
🕯 GR☺SSE DANKBARKEIT 🕯
IN MEINEM HERZEN
ROGER GERBER

DIE BLUME DES LEBENS

Als Symbol für die Unsterblichkeit steht diese heilige Geometrie für das UR-MUSTER allen Lebens, nach dem sich die Schöpfung vollzieht und die alles Leben durchdringt. Fundorte auf der ganzen Welt und Jahrhunderte- bez. Jahrtausendealte Darstellungen aus den unterschiedlichsten Kulturen verdeutlichen das Bild der Unendlichkeit und sind Sinnbild für den Fluss der alles durchströmenden göttlichen Energie in ihrer reinsten und ursprünglichen Form. Ferner zeigen die Darstellungen der BLUME DES LEBENS an weltweiten Plätzen, dass es zu allen Zeiten und in allen Kulturen Eingeweihte gab, die um die Bedeutung dieses Musters wussten und es auf diese Weise zu einem grenz-, sprach- und Religionsüberschreitenden Symbol werden ließen. Die BLUME DES LEBENS, die Urmutter aller Mandalas, trägt alles in sich und wirkt so als ausgleichendes Element. Sie ist nicht nur ein weltliches, sie ist ein kosmisches, ja, ein göttliches Muster.